# 价值共创
## 数字创新、私域流量与用户体验

朱王海 陈 颖 甄英鹏 汪珊珊 ◎著

VALUE CO-CREATION
DIGITAL INNOVATION,
PRIVATE TRAFFIC AND USER
EXPERIENCE

企业管理出版社
ENTERPRISE MANAGEMENT PUBLISHING HOUSE

图书在版编目（CIP）数据

价值共创：数字创新、私域流量与用户体验 / 朱王海等著.
— 北京：企业管理出版社，2024.1
　　ISBN 978-7-5164-2953-2

Ⅰ.①价… Ⅱ.①朱… Ⅲ.①计算机应用—企业管理—研究
Ⅳ.①F272.7

中国国家版本馆CIP数据核字（2023）第186361号

| | |
|---|---|
| 书　　名： | 价值共创：数字创新、私域流量与用户体验 |
| 书　　号： | ISBN 978-7-5164-2953-2 |
| 作　　者： | 朱王海　陈　颖　甄英鹏　汪珊珊 |
| 责任编辑： | 张　羿 |
| 出版发行： | 企业管理出版社 |
| 经　　销： | 新华书店 |
| 地　　址： | 北京市海淀区紫竹院南路17号　　邮　　编：100048 |
| 网　　址： | http://www.emph.cn　　电子信箱：504881396@qq.com |
| 电　　话： | 编辑部（010）68456991　　发行部（010）68701816 |
| 印　　刷： | 北京亿友创新科技发展有限公司 |
| 版　　次： | 2024年1月第1版 |
| 印　　次： | 2024年1月第1次印刷 |
| 开　　本： | 710mm×1000mm　1/16 |
| 印　　张： | 15 |
| 字　　数： | 200千字 |
| 定　　价： | 68.00元 |

版权所有　翻印必究·印装错误　负责调换

# 序

伴随着感知、传输、数据处理、储存等信息的不断创新与拓展，信息网络获得内容更为多元化、应用方式更为多样化，设备、工具、大数据等与用户间的互动程度明显提高，对数字技术要求也日益提升，对建立的私域进行精细化管理成为必然趋势，整个世界已步入了感知、连接、数据处理、设计无所不在的"万物互联"全新时期，并促使世界生产、制造、经营、技术、营销等领域走向了全方位数字化的崭新时代，价值共创成为大势所趋。那么，数字创新与私域流量对价值共创具有何种影响，协同管理与用户体验又在其中起着何种作用呢？

实证结果表明：企业数字创新中的数字技术、创新产出、创新过程对企业价值共创具有显著的正向影响；协同管理的方式、理念和协同管理效率对企业价值共创具有显著的正向影响，协同管理起到了部分中介的作用，即在加强协同管理的条件下，数字创新、私域流量对企业价值共创具有显著的正向影响；用户体验中的使用体验、用户满意度和品牌影响力，则在数字创新、私域流量与协同管理的关系中起着负向调节作用。

本书以三家国内头部公司作为研究对象，通过分析企业在发展中所面临的内外环境问题，对企业的数字创新、私域流量、用户体验、协同管理以及价值共创进行多案例研究和实证分析，有利于企业建设价值网络体系，对于企业如何在数字经济背景下更好地发展有着重要的现实借鉴意义。

通过探索性案例研究和实证分析,本书得出如下结论。

(1)数字创新有助于巩固价值共创体系;

(2)私域流量有助于强化价值共创网络;

(3)数字创新有助于企业进行有效的协同管理;

(4)私域流量促进协同管理的升级;

(5)协同管理保障价值共创体系的运行;

(6)协同管理促进数字创新改进价值共创;

(7)协同管理推动私域流量重塑价值共创;

(8)用户体验驱动数字创新对协同管理能力的促进;

(9)用户体验协助私域流量改进协同管理能力。

由此,给出如下建议。

(1)找准企业数字创新方式,提升核心竞争力;

(2)精准构筑私域流量池,建设稳固的客户群体;

(3)提升用户体验感,构筑企业发展屏障;

(4)加快企业协同管理,促进价值共创效率提升。

# 目 录

## 第一章　绪论

第一节　研究背景 / 003

第二节　问题的提出及研究意义 / 011

第三节　关键概念界定 / 014

第四节　研究方法、技术路线、结构安排 / 018

第五节　主要的创新点 / 023

第六节　本章小结 / 025

## 第二章　文献综述

第一节　相关理论基础 / 029

第二节　数字创新相关研究 / 041

第三节　私域流量相关研究 / 047

第四节　用户体验相关研究 / 051

第五节 协同管理相关研究 / 055

第六节 价值共创相关研究 / 060

第七节 研究总评述 / 066

## 第三章 探索性案例研究

第一节 案例研究方法与步骤 / 071

第二节 研究设计 / 075

第三节 样本企业介绍 / 078

第四节 资料分析与编码 / 087

第五节 数字经济驱动下公司价值共创能力影响机理 / 106

第六节 本章小结 / 109

## 第四章 变量间的作用机理

第一节 数字创新与价值共创的关系探讨 / 113

第二节 私域流量与价值共创的关系探讨 / 114

第三节 数字创新与协同管理的关系探讨 / 116

第四节 私域流量与协同管理的关系探讨 / 117

第五节 协同管理与价值共创的关系探讨 / 118

第六节 协同管理的中介作用探讨 / 119

第七节 用户体验的调节作用探讨 / 120

第八节　研究框架　/　121

第九节　本章小结　/　122

## 第五章　实证研究的方法论

第一节　问卷设计　/　125

第二节　测度变量　/　127

第三节　数据收集　/　132

第四节　分析方法　/　134

第五节　本章小结　/　137

## 第六章　实证研究

第一节　描述性统计分析　/　141

第二节　信度与效度检验　/　145

第三节　相关性分析　/　160

第四节　回归分析　/　162

第五节　协同管理的中介效应　/　168

第六节　用户体验的调节作用探讨　/　171

第七节　检验结果汇总　/　176

第八节　检验结果分析与讨论　/　178

第九节　本章小结　/　182

# 第七章 结论与展望

第一节　主要研究结论　/　185

第二节　实践启示　/　189

第三节　策略建议　/　193

第四节　研究的局限性和未来研究展望　/　197

参考文献　/　201

附录　调查问卷　/　225

# 第一章

## 绪 论

本章首先对研究背景进行说明,进而指出本书的分析重点并阐述探讨的价值。为更好地进行研究,对其中涉及的一些关键概念如数字创新等进行释义阐明,在开展研究之前,明确了研究方法、技术路线以及结构安排。此外,还对一些主要的创新点进行了说明。

# 第一节 研究背景

在大力发展数字经济的现实背景下,以及前人对于数字创新、私域流量、用户体验、协同管理、价值共创等的研究基础上,本书开展了进一步研究。

## 一、现实背景

随着数字经济时代的到来,企业构建价值共创生态在其发展中的地位越来越重要。数字创新需求的升级以及建立私域的必然趋势,均驱使着企业构建良好的价值共创生态。

**1. 数字创新需求升级**

近年来,企业对数字化技术的需求日益旺盛,公司管理者们开始逐渐了解各种新兴的数字化技术,例如云、人工智能、微服务、DevOps(开发运维一体化)等,并且采用先进的生产经营、组织改革的思路,许多公司建立了数字化部门,设置了首席数字官(CDO)的高层管理职位。公司的数字化进程远远不限于新一代信息技术的运用,更是团队再造与商业模式革新的过程。

数字化创新是指如何在与当前基础行业和现有经营管理模式等存在较少关联的领域,寻找新的商业模式和经营方法,这并非是一种改造的动作,而是一种从无到有的创新动作。在数字化产业创新方面,如IBM(国际商业机器公司)、AWS(亚马逊云科技)、SAP(思爱普公司)等云企业均提出了架构近似、结构完整的方法论框架,以IBM Garage(IBM车库)方法论为例,它是一种基于"云+人工智能技术"的企业数字化工具,从创新思想出发,通过融合来自企业内部的更多专业人才,并采用共创的方法来研究最小化可用产品(MVP)价值的新技术。

公司数字化要形成数字化变革与数字化革新的双轨制。如果一个公司电子化发展到了一定程度时,与公司核心业务的数字化变革相结合,形成基本类型,通过变革打破了公司核心业务中的用户、市场、价值等系统的老旧假设,企业走向了全新境界,就被称为公司数字化重塑,如图1-1所示。

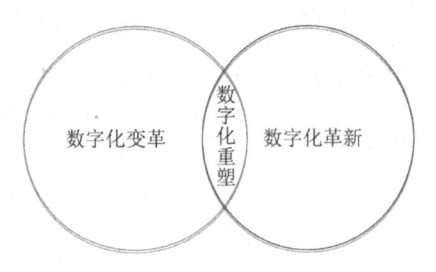

图 1-1 双轨制示意图

信息技术与产业的整合进入了新的数字化时代,随着社交互联网、虚拟现实、人工智能等连接物理环境、数据信息与人的信息技术的飞速发展,以及"一直在线"的使用环境的形成,企业也在不断地变革生产和服务的形式。大量新技术和新功能向传统产品与业务创新中的渗入和整合,以及利用数字技术的新产品、新业务不断产生,极大地拓展了传统意义上的产品和业务,使其产生了新的功能、价值和内容。

数字时代在呼吁管理学界密切关注数字化语境下的企业创新管理模式研究,创新的学者与企业创新实践者都需要认真探讨数字技术创新与企业创新理论方面的问题,并通过数字技术创新理论研究,为处于数字科技与工业结合进程中的企业创造新优势、新机制。

**2. 建立私域进行精细化运营成为趋势**

网络信息技术的发展大大降低了营销推广的技术门槛,消费场景的碎片化，再加上海量的商品服务信息，使得原来粗放式的推广效果大打折扣，同时推广方的获客成本费用也在不断上涨，推广收益日益被推广费用所蚕食。因此发展私域用户流量，实现细致化客户服务，减少推广成本费用，已经逐渐成为推广方的普遍共识，而私域用户流量市场营销也成为当前炙手可热的热门话题。公域流量与私域流量的对比，如图1-2所示。

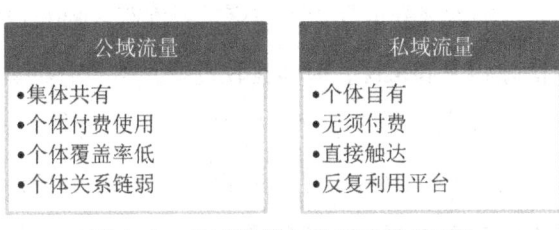

| 公域流量 | 私域流量 |
|---|---|
| • 集体共有<br>• 个体付费使用<br>• 个体覆盖率低<br>• 个体关系链弱 | • 个体自有<br>• 无须付费<br>• 直接触达<br>• 反复利用平台 |

图1-2　公域流量与私域流量的对比

私域流量一词最早出现于2017年，随着互联网的发展以及流量的愈发难以获取，私域流量悄悄地在商业圈火爆起来，各大企业开始开辟多种渠道培养自己的私域流量，使用各种方法稳固企业与用户之间的关系。私域的核心是用户思维，即如何建立与用户的深度关系，是一个认识用户、创造价值、完成变现的流程。

从2019年开始，各大互联网巨头对私域流量的关注程度日益增加，不断利用自身商品及服务质量为网络平台商户/创作者用户开拓私域流量。艾媒咨询服务分析师指出，商户/创作者用户对于公域网络平台方来说，同样是其私域流量，因此扶持或引导商户/创作者用户发展私域流量，实质上就是公域网络平台方发掘其私域流量商业价值的另一个重要手段。

私域流量的出现，代表着如今的网络用户管理正式进入了"精细化"的运营时代，这将给中国互联网产业提供全新的发展机会，吸引众多企业家和投资者进入。部分用户管理系统提供商顺势提出了以私域流量为重点的产品和技术，另外，后来者相继发布了一些私域流量业务，在市场中获得了良好的反应。

### 3. 价值共创引领时代潮流

在经历了工业时代及电子时代后，人类的商业文明进入了网络时代，进而开始了"互联网+"的进程。随之而来的是商品的极大丰富、销售渠道的不断拓展，借助于网络和终端设备，消费者随时随地可以找到商品信息。这样做的优点是消费者获取信息的速度更快、成本更低、选择更多。但是，相对于信息量的飙升，消费者获取知识的速度、精准程度提升较慢。

对于越来越忙碌的人们来说，时间比较宝贵，很难有更多的时间去学习、去应对如此之多的专业问题。于是"选择困难症"由此产生，直接的后果就是消费者的预期没有得到及时的满足，体验感没有得到提升。如果我们用满意度来衡量消费者的体验结果，客户满意度可以由产品消费获得的满意度和个人满意度两个要素组成，即：满意度 = 产品选择 + 个人体验。

随着时代的发展和信息量的不断增大，消费者的期望也在迅速地变化，呈现出了多样化的态势。而产品选择所带来的满足感不能完全满足人们的期望，所造成的缺口需要通过商家改善来填补，这也是未来孕育商机的蓝海。最理想的状态是产品极大地满足了消费者的期望，并且能带来超值享受。

如图1-3所示，价值共创彻底改变了客户与企业之间百年来存在的固有联系，打破了原有的商业模式，迫使企业站在顾客的高度进行"共情"，同客户协商，以取得内部的最优化使用效益。而价值共创也同样影响了人们对企业的认识，使其重新意识到企业对个人、家庭以及社会的意义及其重要性。在企业与客户平等地进行价值共创时，它不仅是利润的象征，更是人们意愿的表达。

本研究着重以数字经济驱动为背景，围绕企业价值共创问题，进一步探讨数字创新、私域流量、用户体验、协同管理与其之间的关系，为企业在市场竞争中突破价值链的"低端锁定"、提升绩效提供实践和理论上的参考。

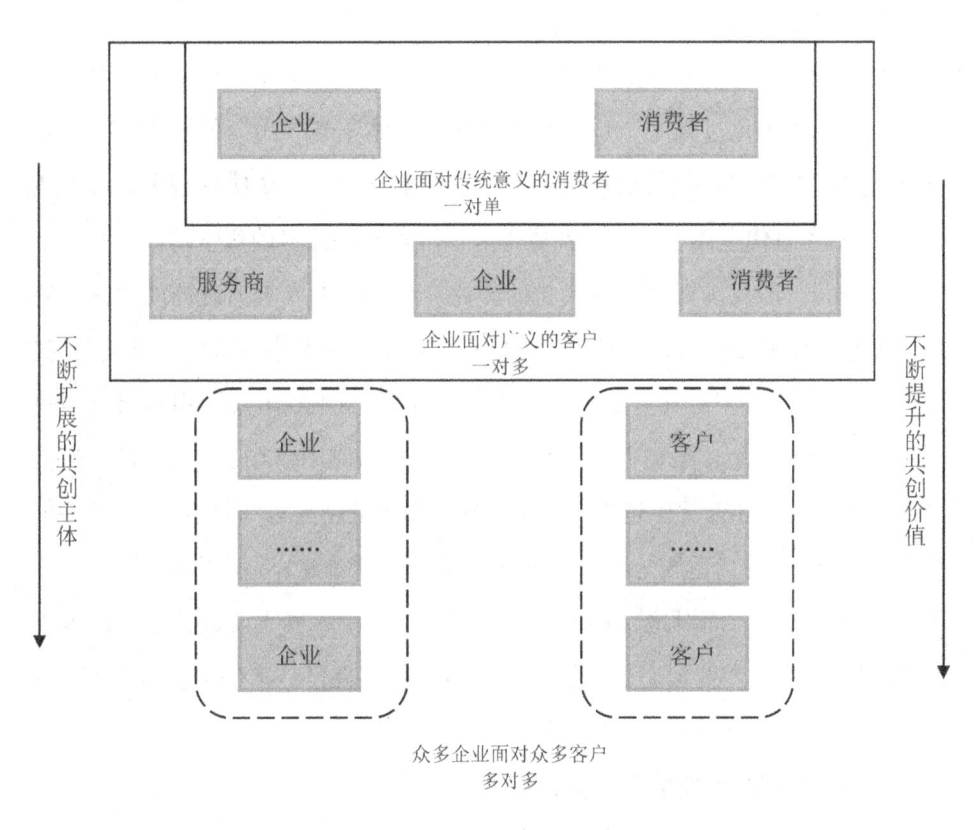

图 1-3　价值共创迭代示意图

## 二、理论背景

协同管理的思想由来已久，它是由协同学思想逐步发展而来，在管理学中颇受推崇。此外，近年来由于数字经济的冲击，对于价值共创的研究也越来越丰富，学者们从多角度探讨价值共创，探析如何更好地构建价值共创生态。

### 1. 协同管理的由来

"协同学"一词起源于古希腊语，本义是协调合作，亦即协同相互作用。由于协同学具有普遍的社会适应性，在研究自然与社会的许多学科中都有它的身影，因此引起了许多人的注意。

就协同管理而言，其思想发端、理论建构、技术实践及产业应用均源于西方。在本土化过程中，也必然地出现了"体"与"用"的矛盾。其一是"时代悖论"，即工业化与信息化的历史进程重叠，二者从接续型发展成为竞合型发展，"时代主体"的二元性质带来了"管理路径"的竞争博弈；其二是"适履之痛"，即我国以初步现代化的产业、组织和人，来追赶高度现代化的管理思想及技术，若只看到其中带来的中国传统文化及中国人的"异化"，实则是在"削足适履"；其三是"创用两难"，即我国主观上想要引进吸收、建立自己的管理理论，奈何西方只将中国作为产品应用市场、利润增长空间，国内使用国外的管理软件越多，自主创新的困扰就越大。"时代悖论"乃历史维度，唯有应对；"适履之痛"乃文化维度，亟须重建；"创用两难"乃产业维度，应可奋争。面对这三种矛盾，协同管理作为一种主要成长于中国本土的管理思想和IT产业形态，从思想启蒙和产业初始起，就在探求一种从"借鉴"到"超越"的新思路、新出路。

**2. 价值共创、数字创新与私域流量**

近几年，企业的价值共创理论研究逐步打破以前注重企业认知、企业决策、企业行为与企业经营过程的内部关系，结合企业外部表现性特点的整合性研究，对数字化环境的特殊性给予了关注和重视（张玉利等，2018）。随着数字要素成为产业发展、社会革新、企业转型以及创新创业过程中重要的组成部分（Schradie，2011），在数字化时代，许多创业学领域的学者都在关注数字化时代的创业，重视运用新型数字创业要素和发掘传统创业进程的数字特征，深刻揭示数字创业的本质以及数字对传统创业进程的创新变革（刘洋等，2020；朱秀梅等，2020；Steininger，2019；余江等，2018；Li 等，2018；Nambisan，2017；Sussan 和 Acs，2017；Shane 和 Venkataraman，2000）。还有一些学者探讨了数字化技术在数字化创意发展中的作用以及其内在机理（Li 等，2018；Steininger，2019）。

但是，目前我国企业界对数字化背景下的私域流量数据研究还比较薄弱，尽管中国的网民数量最多，在数字技术、数字应用等方面都取得了巨大的成就，不过目前的私域流量研究和实证研究还没有从多角度、多方面、多层次深入地挖掘数字关键元素及其与数字创新要素的联系，使得目前的价值共创实践现象在学术界的认知结构上仍未能有效突破（薛可和余明阳，2022）。

数字创新、协同管理和私域流量等要素的相互影响和相互协调是企业经营的过程（Tiomons，1994），数字创新的发展并不只是数字创新要素的协调作用，而是数字要素的重构、扩展和相互协调的过程（刘志阳等，2020）。的确，在数字化的今天，企业想要获得商业上的胜利和迅速的发展，光靠传统的机会、资源、商业模式是非常困难的（Velu 和 Jacob，2016）。从外在条件上看，数字技术的出现虽然突破了时空的束缚，但同时也制约着现有的成熟业务发展，使得企业必须在新的市场和新的需求之间适当协调。从内部条件上看，数字化的技术革新和私域流量对企业的持续发展尤其具有意义（Nambisan，2017），但是，由于企业本身的"新弱性"，使得它更多地依靠数字化技术，在价值网络中与其他创业多主体进行信息共享和资产互补，以达到一个全新的设计体系（Balocco 等，2019）。所以，在企业的经营活动中，必须加强对自己的数字能力的培育，发掘并创造出与数字技术相关的新数字机遇，重构企业的资源分配流程及治理方法，以及对客户的需求进行革新与塑造。

动态能力理论认为，在新的创业条件下，企业能够利用其特殊的动力，进行产品和业务方式的持续革新（Teece 等，1997）。数字能力作为一种特殊的动态能力，能够使企业在数字化背景下，快速响应市场的变化，发展出新的商品、有创新地改善经营流程、重构企业的人力资本框架，从而促进企业的创新发展（Khin 和 Ho，2019）。企业是否能够成功地进行数字产品的研发与创新，取决于其经营方式的协同管理，而协同管理是其在数字时代的生存与竞争中的重要环节，同时也是商业模式的变革基础（Nambisan，2017）。因此，企业必须通过数字能力来提高战略弹性并运用资源重组的方法进行重新设计，以达到业务模式的革新。然而，从目前的研究来看，虽然已经有数字能力与商业模式创新的研究思路可供借鉴，但是现有的研究主要集中在理论和概念上，缺少对数字创新、私域流量和价值共创等方面的深度探讨研究，缺少对两者之间联系的检验。所以，对数字创新在企业价值创造中的作用机理进行深入分析显得尤为必要。

随着流量增长红利的不断流失，需要对私域流量进行深入的运营来吸引更多的客户，这成为当务之急。但是，想要让客户留下，就必须提高他们的体验感。数字化服务和数字化运营的提升，使企业在各方面的业务都能得到进一步的发展。

但是，单纯依靠数字创新和私域流量是无法保障企业的长期发展的，因此，在数字创新、私域流量等方面，实现数字机会和资源的符合与相互作用，会对数字创新、私域流量和价值共创的关系产生深远影响（Haynie 等，2009）。在数字时代，企业更加注重不断地发掘和创新数字机会，建立更有个性的新商业模式，包括跨越组织界限的数字机会和各种资源之间的交互（Tan 等，2015）。数字经济的快速发展要求各大企业在数字创新、私域流量的基础上整合、建立和配置内外部的各种资源，发掘和获得数字机会，了解客户的需求，并通过与其他多个主体的交互，建立一个更大的数字机会，减少市场风险，提升机会与资源的协同效应，从而推动企业的经营商业模式创新（Autio 等，2018）。

数字机会的发掘与创新在数字创新、私域流量与价值共创的互动中具有举足轻重的地位，然而，对于数字机会的发掘与创新在数字创新、私域流量与价值共创中所起到的关键性影响一直没有被重视。通过分析数字能力对价值共创的路径及边界的作用机制，有助于从过程角度对数字创新、私域流量与价值共创的内在联系进行分析揭示。

## 第二节 问题的提出及研究意义

数字经济的浪潮推动着产业的发展提升和成长,通过对现有背景的探讨和有关概念的整合,本书提出了相关的问题,并逐步确定其探讨价值。

### 一、问题的提出

仅从已有的实践和理论发展来了解数字经济下数字创新和私域流量对价值共创的影响机制是不够的,本书主要研究在数字经济驱动下企业价值共创的影响因素,重点分析数字创新如何对价值共创产生影响,私域流量如何对价值共创产生影响,数字创新和私域流量如何通过中介变量协同管理对价值共创产生影响,用户体验如何调节数字创新、私域流量对价值共创的影响。主要的研究问题包括以下四个方面。

第一,在数字环境下,面对数字创新的需求升级,企业应如何在数字创新的过程中促进企业价值共创进程,以及数字创新对其是否具有显著作用?其具体作用路径是什么?依据产业生态理论、商业模式理论和价值共创理论,能否将数字机会发现、数字机会创造、用户价值和手段导向作为影响因素引入数字创新、私域流量与价值共创的关系中,深入揭示数字能力对价值共创的作用机制及其边界条件?最后,涉及的变量之间的作用关系如何?是否存在显著关系?

第二,当精细化运营成为越来越多的企业的选择时,搭建私域流量池是否是构建价值共创生态的必选路径？二者之间存在什么样的作用关系？私域流量如何影响企业的价值共创？搭建私域流量池以及运用私域流量的过程中将会如何影响价值共创？

第三，用户作为价值共创的主体，在企业的价值共创中起着什么样的作用？用户体验对价值共创的作用机制是什么，是否直接影响价值共创？其在数字创新和私域流量对价值共创的作用过程中有着什么作用？

第四，企业的协同管理是否有助于企业构建价值共创的进程？协同管理如何影响企业的价值共创？其理念、方式及效率是否会影响企业的价值共创？

廓清这些问题对于研究企业价值共创的影响路径至关重要，问题的解决与否不仅关系到能否深入揭示数字能力对企业价值共创的影响，更重要的是还关系到企业能否应用数字能力，以更广泛的、更易被接受的方式发现并创造更多的数字机会来解决经营过程中的难题。

## 二、研究意义

本书的研究具有重要的现实意义和理论意义，从实际角度来看，有助于提高企业发展能力，从理论上来讲，有助于丰富相关的理论研究。

### 1. 现实意义

随着数字技术的不断创新，人工智能、数字孪生、物联网、大数据等领域不断涌现出很多商机。在数字技术与各方面的结合与运用中，数字经济的理念得到了进一步的发展和深化，逐渐成为促进社会和谐发展的主要力量。随着数字技术的普及，整个社会的生态也发生了翻天覆地的改变。面对这种激烈的市场竞争，各大企业对价值共创的研究也越来越频繁和深入。如何适应新时期的发展，转变经营方式，已经是一个亟待解决的问题。在数字化经济的今天，企业必须通过数字化技术和思想来进行商业模式的变革。这不仅需要企业研发出具备数字化特征的智能商品，还需要利用数字技术打破企业内外的环境边界，使得企业与外部客户、合作伙伴等利益相关方的联系越来越紧密，为企业提供更多的创意思路和创新资源。

为了在充满不确定性的数字经济中保持可持续发展，企业必须将其数字创新能力与私域流量进行有效融合，以提升其对企业的价值创造效应。而企业的协同管理绩效能否实现，则要看它的数字创新水平。协同管理是一个具有多种能力的动态管理系统，它要求具有技术、营销、组织、管理和文化等多种能力。随着计算机技术的发展，企业的协同管理将不可避免地受到影响。同时，随着数字技术在工业生产中的深入运用，其有效地解决了生产过程中各种信息不对称的问题，从而在产品设计、生产、使用、回收等全过程环节中进行数字化转型，打通各环节的沟通与交流，实现业务的精准对接，改进管理模式，提升资源配置效率。所以，要有效地运用数字技术提升企业的协同管理能力，促进企业可持续增长的创新升级。

**2. 理论意义**

本书的研究领域覆盖了管理理论、市场经济和统计等专业，并综合运用了各专业的有关理论知识。对数字经济驱动背景下企业的价值共创进行了深入研究，满足了对国外学术界主要前沿问题深入研究的需求，同时充实了企业价值共创基础理论的研究内容和理论框架，进一步探索了价值共创新的影响作用途径、拓宽了企业价值共创的理论边界。此外，本书搭建了以数字创新、私域流量、用户体验、协同管理与价值共创为主体的理论模型，对于丰富数字创新、私域流量、用户体验与协同管理的研究成果具有一定的学术价值。

# 第三节　关键概念界定

本节对所提出的一些重要问题如数字创新、私域流量、协同管理、价值共创等进行概念界定，从而基于对关键概念的准确理解开展相关研究。

## 一、数字创新

创新领域包括技术、业务流程、组织、金融市场和商业模式等方面，因而数字创新有两个方面的含义：一是数字技术创新，二是数字技术背景下的流程创新、商业模式创新、组织创新以及市场创新（刘洋等，2020）。

从本质上来讲，数字创新是指创新过程中采用咨询、计算、沟通和连接等组合方式，创造出新产品、改善制造流程、改变生产管理方式、创建和改变商业模式等。这一定义包含三个核心要素：数字技术、创新产出和创新过程。

从传统企业组织和产业组织形态向平台型、生态型等新型组织演变，导致了企业和产业创新体系的革命性变迁，使得数字创新呈现出四大特征。

**1. 创新主体虚拟化**

创新生态系统中的主导者和参与者在线上实现交互，个体和组织两类创新主体之间的合作模式日显多样性、可塑性、虚拟化（Kannan 等，2017；魏江等，2021），给整个知识产权制度、创新伦理责任、成果共享制度带来了全新挑战。

**2. 创新要素数字化**

大数据、云计算、区块链、人工智能等技术正在改变人流、物流、知识流、资金流和信息流，推动创新要素流动方向和流动速度的革命性变化，为企业创新提供全新的边界条件（肖静华等，2018；魏江等，2021）。

**3. 创新过程智能化**

人机交互和深度学习正在改变创新过程，平台组织和网络组织的创新协同正在使线性创新成为过去，创新合作者之间的创意交互、流程重构、商业共创正在为产业创新提供全新空间。

**4. 创新组织平台化**

依靠虚拟现实技术，虚拟信息空间大量涌现。以双边平台、多边平台、生态社区、创新社群为代表的新型创新组织，充分显示出强大的创新生命力（魏江等，2021），从科层结构到网络结构，从封闭式创新到开放式创新，从计划性创新到涌现式创新，正在颠覆创新组织形态（施春来，2018；魏江和杨洋，2020；王建冬和童楠楠，2020；刘静凤，2022）。

## 二、私域流量

私域流量是指企业的经营方通过公域、它域流量平台获取的流量，可以长期反复触达、持续影响，具有标签属性、可精细运营、具备商业价值或长期品牌价值的用户流量，本质是可以低成本甚至免费持续挖掘价值的用户群体。根据品牌或机构对用户影响力的不同，可以分为广义私域平台和狭义私域平台。基于公域平台体系规则办法，广义私域平台依靠相应平台内容对用户进行运营维护、转化及裂变；狭义私域平台支持品牌与用户建立深度触达与响应，品牌自主运营空间大，且转化效率与用户运营效果更佳（易艳刚，2019；邱立楠，2020；赵哲超和郝静，2019）。

## 三、用户体验

用户体验（User Experience，简称 UE/UX）是指消费者在使用商品过程中形成的一种单纯的主观体验。但就某个已定义清楚的消费者群体而言，其产品感受的共性需要通过良好的社会实践才能了解到。计算机与网络的蓬勃发展，使得数字的形式不断出现变化，其中以客户为核心、以人为本日益受到关注。

ISO 9241-210 标准将用户体验定义为："消费者有关实际使用或希望应用的商品、信息系统或是公共服务的感知、感受和反应"，通俗来说也就是"这种物品好不好用，用起来方不方便"。所以，使用者感受虽然是主观的，但更注重在实际应用时产生的效果。

ISO 定义的补充解释主要如下：用户体验包含了情感、信念、嗜好、认识感受、生理状态与心灵反应、经济活动与成果等各个方面。该说明中还列举了三种影响使用感受的原因：操作系统、用户和使用环境（Forlizzi 和 Ford，2000；Robert，2004；Hzssenzahl，2001）。

## 四、协同管理

协同管理系统是一种采用敏捷开发方法，以虚拟企业为主要目标的管理理论体系。虚拟企业实则是一种由众多子系统构成的统一平台，而协同管理实际上形成的是"竞争—合作—协调"的管理环境，其作用大大超过仅仅是由不同子系统之和来构筑的新的时间、空间、功能结构体系（王建冬和童楠楠，2020）。

## 五、价值共创

价值共创是经济学上的术语，源于核心竞争力理论。随着政府政策逐步取消行业限制、新市场的诞生、行业规则产生新形态、技术进步和行业实现高度整合，再加上各种关联因素无所不在，导致商业世界的整体面貌大为变化，而且这一变化还在不断持续、加深。企业的价值创造过程是企业从自身产生价值，然后在社会上和消费者实现利益互动。价值应该是企业和消费者结合在一起共同产生的。在企业体制下，商品和劳务的生产全部由企业自己决策，企业通过推断来确定消费者对价格的需求。在这个体系里，消费者这一身份和价值创新几乎毫无关系。在过去的20多年里，它们发现了一种方法，开始将部分事情交由所有的消费者来完成。比如，自动支付结账的零售环节、产品开发流程的消费者参与，以及包括在商品和服务中的广泛的消费者自适因素。

按照Prahalad（2000）和Ramaswamy（2004）的观点，允许每一位消费者和企业协作、共享经验、价值共创，并进行更高效的互动融合，正是发掘公司核心竞争力创新源泉的关键。产品虽是人造，但随之创造出的还有一个独特的个人体验。

# 第四节　研究方法、技术路线、结构安排

本节具体明确了研究中所要用到的研究方法，包括文献研究法以及定性与定量分析相结合的方法，这些方法的使用贯穿了整个研究过程。同时，对技术路线进行了梳理，以便能更顺畅地进行研究。此外，还明确了本书的结构安排。

## 一、研究方法

本书采用文献研究法、定性与定量分析相结合的方法来探讨数字经济驱动下公司数字创新、私域流量对价值共创的影响机理。首先，梳理现有理论和相关文献，为研究框架的构建提供理论指引；其次，使用问卷调查法收集所需要的数据，为实证打下基础；再次，运用统计分析法来检验理论框架中设计的研究假设；最后，利用结构方程分析法验证模型分析方法与假设。

### 1. 文献研究法

本书在研究过程中，通过检索有关纸质及电子资料梳理中外相关文章，以数字创新、协同管理、商业模式与价值共创等为主题进行大范围的文献搜索，了解各变量的研究现状，明确相关理论的主要研究内容以及未来可能的研究方向，并对所收集的资料进行梳理，同时就各个学者所提出的不同观点进行分析研究。进而对当前在数字经济驱动下公司数字创新、私域流量对价值共创的影响机理的研究方向、研究内容、研究进度等进行深入探讨，从而

构建文章的整体研究框架，为本书的深入研究打下坚实的基础。获取资料途径主要包括网络和图书馆，其中网络资料主要来自中国知网、万方数据库等网络资料库。

2. 定性分析与定量分析相结合

本书首先利用探索性案例分析初步确定变量数字创新、私域流量、用户体验、协同管理以及价值共创之间的作用机理。后续采用问卷调查的方式获取大量样本数据，并使用 SPSS 23.0 对数据进行描述性统计、相关分析以及线性分析，进一步确定变量之间的关系，为提出结论与建议奠定基础。

## 二、技术路线

文献研究：围绕研究议题，系统地查阅和整理国内外与本研究相关的文献。在对其展开广泛和系统深入研究的基础上，寻找出本研究的切入点和拟解决的重点问题。随后，再根据本项目的研究主题，经过逻辑的推导和理论的剖析，逐渐形成了一定的理论架构，并给出了一些有待检验的假设。

1. 案例研究与实证研究结合

本研究首先运用探索性的案例探究方式，选择3个案例，来阐明中国企业发展进程中数字创新、私域流量、用户体验、协同管理与价值共创的关系，为提出企业数字创新、私域流量、用户体验、协同管理与价值共创之间的作用机理提供事实支撑，并为进一步的实证研究提供了分析框架。

2. 实地访谈

通过访谈头部企业的中高层，了解到企业数字创新、私域流量、用户体验、协同管理的作用及其与价值共创之间的关系等，了解企业在价值共创中可能存在的问题以及解决对策。

3. 问卷调查

通过问卷调查获取企业发展中数字创新、私域流量、用户体验、协同管理以及价值共创等主要问题。问卷填答对象主要分布在经济较为发达的北京、上海、广州等地区。问卷调查可以获取第一手的具有即时性的信息，为后续发现问题、分析问题、提出解决对策提供现实依据。

### 4. 多元统计分析法

本研究使用统计软件 SPSS 23.0 对数据进行了描述性分析、相关分析、信度和效度检验、多元共线问题诊断等数据演算，在确保数据符合回归分析的条件下，使用多元线性回归分析对本研究的假设进行验证。

### 5. 理论与实证相结合的方法

首先，借助现有理论分析工具，运用逻辑分析法，提出本研究的基本假设及概念分析框架；其次，通过访谈和问卷调查发现企业发展中数字创新、私域流量、用户体验、协同管理与价值共创之间的相互作用机制及其对价值共创的影响，获得相关资料，通过实证检验得出相应的结论及建议。

### 6. 定性与定量相结合的方法

通过理论和逻辑推导、案例分析等手段，先对研究的关键问题做出定性判断并给出假设，然后利用数据和科学建模的研究手段对数据进行处理，以检验相关假设并得出最后的结果。

## 三、结构安排

本书结构安排遵循下面的次序展开：提出问题确定研究主题、文献综述、探索性案例研究、理论推演和假设提出、实证研究及假设检验、研究结论、意义及局限性，如图 1-4 所示。

第一章，绪论。具体介绍了本书研究的背景，表明研究的必要性以及可行性，并提出了相关的问题，明确了本书的研究对象以及有可能用到的研究范畴。

第二章，文献综述。围绕问题所涉及的相关理论进行详细梳理，进一步对相关理论的发展演化过程以及它们的局限性等进行了归纳和整理，并对相关研究的不足和局限性做了述评，为本书拓展了思路，明确了研究方向。

第三章，探索性案例研究。针对三家中国头部公司展开案例研究，运用扎根理论初步形成概念分析框架，并对主要变量之间的关系提出假设。

第四章，变量间的作用机理。在探索性案例研究基础上展开理论和逻辑推导，并对中国企业的数字创新、私域流量、用户体验、协同管理与价值共创之间的关系进行了深入探讨，对相关变量之间的关系做了定性分析并提出假设。

第五章，实证研究的方法论。包括问卷和量表设计、变量的信度和效度的分析以及各个因子间的相关性分析、多元共线性问题的诊断等，为回归分析来验证假设做准备。

第六章，实证研究。通过回归分析对提出的假设进行检验并给出研究结论，同时对相关结论进行解释和说明。

第七章，结论与展望。分别从理论和实践两个方面说明本研究的意义，并且对本研究的局限和不足做了说明，对未来的研究提出了展望。

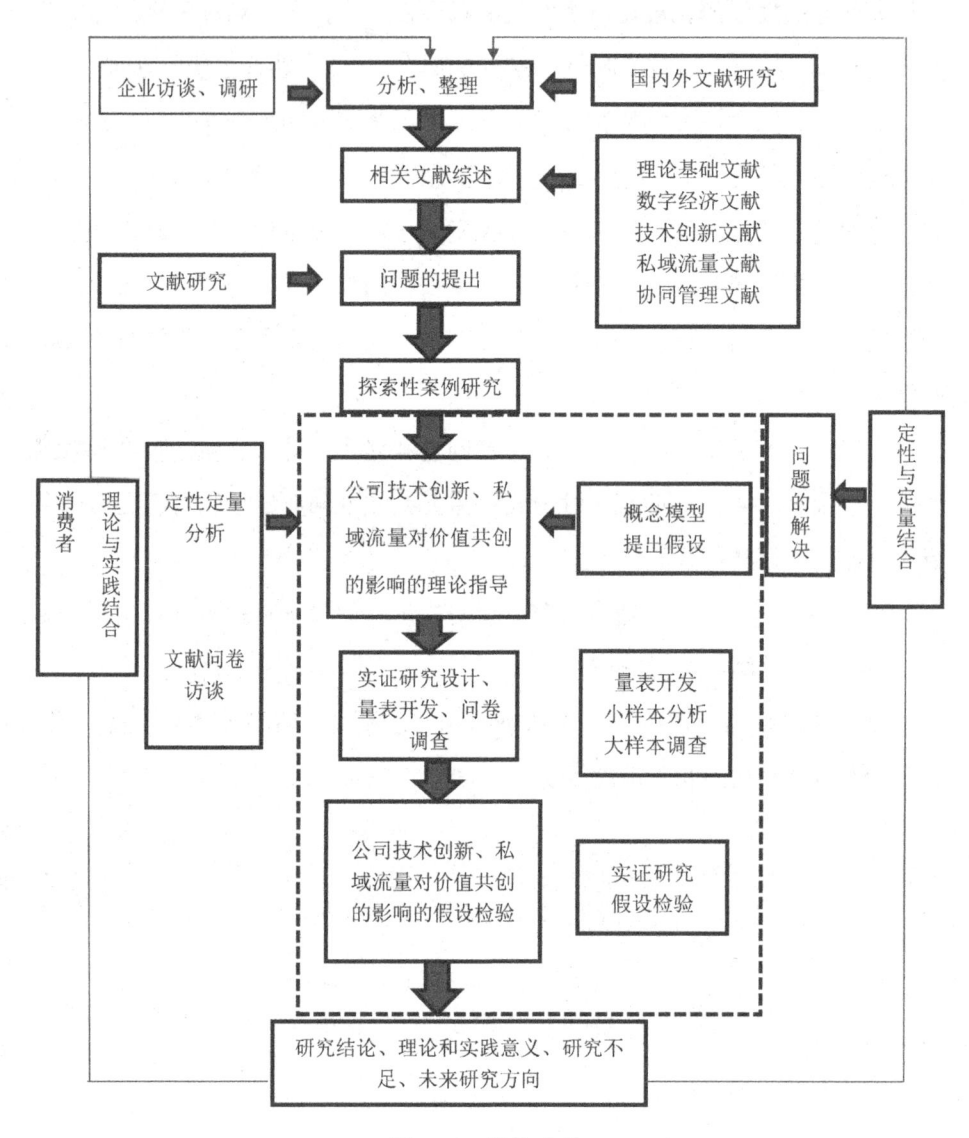

图 1-4　结构安排

# 第五节　主要的创新点

本书相较于此前的研究有几个主要的创新点，本节将分别从应用创新、学术观点、研究方法和视角创新四个方面对本书研究的创新点进行说明，具体内容如下。

## 一、应用创新——多维度分析用户

本书从用户体验与私域流量两个不同的角度剖析作为价值共创主体之一的用户在企业价值共创中的作用，创新性地多维度综合分析用户如何影响企业价值共创，从而为企业在实践中如何有效利用用户来增加价值共创的资本提供建议。

## 二、学术观点——以用户价值实现协同管理升级

早在2017—2018年的时候，不少中国互联网企业就开始感受到增长到顶了，要想保住企业的增长势头，基本只能走两条路，要么获得大量新增用户，要么把老用户的价值发挥得淋漓尽致。而在流量遇到危机的当下，许多公司纷纷选择了挖掘老用户更多的价值这条路。在数据运营时期，公司的核心目标就是要在知识产权的高度上，真正地去关注并掌握"客户"这种最有价值的资产，从而持续地增强自己为每位顾客提供更丰富的价值服务的实力。

因此，对于企业市场而言，通过提升用户价值，可以让聚焦的重点元素营销大于企业传统销售产品数量，在协同管理机制下，使优质的口碑产品经大量"曝光"后带动企业的流量市场，促进其流量经济市场的长远发展，最终成为充满智慧的核心战略模式之一。

### 三、研究方法——定性与定量相结合

本书采用了定性与定量相结合的研究方法，创新性地将这一综合性的研究方法应用于数字创新、私域流量、用户体验、协同管理和价值共创的多变量研究中，丰富了该方法的使用范畴。

### 四、视角创新——以协同管理为中介变量

在互联网时代与数字技术的背景下，企业如何提高效率、遵循何种管理逻辑，是当代企业亟待解决的问题，而协同管理可以很好地为解决这些问题提供基本思路。协同管理是新时期现代公司需要拥有的"软能力"，突破了现有企业的管理界限，以人本价值为核心，专注于人的全面发展和创新意识，并通过"生态群落"的模式，持续推动现代中小企业内部与外部环境的迭代适应性，以寻求中小企业团队整体良性的发展跃迁。现在，协同管理已经越来越成为企业经营发展的主要手段、渠道、管理方法和政策，通过推动公司内部基本要素与人力资源的高效整合，帮助企业解构传统落后的"环心锁"，通过各个基本要素相互之间的有机融合和互动沟通，以自组织和自适应的联合形态，迅速根据发展战略或市场主动调整资源组合的配给和有效优化，激发企业主体达到"1+1＞2"的协同效应，让公司资源能更柔性、更高效地配合市场与动态性变动，从而获得更大的经营利润与社会效益，由此来影响企业价值共创。考虑到这些原因，故本书选取协同管理作为中介变量。

## 第六节 本章小结

本章为绪论部分，首先，介绍了本书的研究背景。其次，明确了本书的研究问题，提出数字经济驱动下数字创新、私域流量、用户体验和协同管理应如何影响价值共创及其应有什么样的作用机制，并对研究所涉及的数字创新、私域流量、用户体验以及价值共创等关键概念进行界定。再次，从现实、理论两个方面对研究意义展开了阐释，为后续相关研究提供理论参考。接着，确定本文的研究目标、研究方法和研究框架，其中研究目标分为理论目标和应用目标，研究方法具体来说则包括文献研究法、问卷调查法、统计分析法等。此外，还介绍了技术路线和全书的结构安排。最后，从应用创新、学术观点、研究方法和视角创新四个方面来阐明本书研究的创新点。

# 第二章

# 文献综述

本章主要对价值共创等基础理论进行阐述,同时对数字创新、私域流量、用户体验、协同管理进行研究综述。

# 第一节 相关理论基础

研究内容涉及的理论基础主要有数字创新理论、私域流量理论、用户体验理论、协同管理理论以及价值共创理论，对于这些理论的分析能够为后续研究提供参考。

## 一、数字创新理论

创新的经济概念研究，最先是由约瑟夫·熊彼特（Joseph Chumpeter）在1939年提出的，他认为技术创新其实是国民经济体系中导入新的产量参数，企业的生产成本曲线据此而不断更新。他将创新的内涵归纳为五大因素：导入了新的商品（包含商品的新品质）；导入了新的工序方法（包含方式、工艺流程）；开辟了原材料的有效供给来源；开拓了新的领域；引进了全新的企业管理、经营方式。

### 1. 数字创新影响因素

学者刘静凤（2022）利用熵值法测度2007—2020年中国293个地级城市数字创新水平，并在此基础上综合考查了财政压力、金融分权与数字创新之间的相互作用。结果显示：财政压力对数字创新的影响呈现先促进后抑制的倒"U"形非线性特点。这一结果即使在使用赤字率作为工具变量和对核心解释变量进行经济稳健性验证时仍然成立；而东部区域的核心城市相对于中西部与外围的城市来说，财政压力对数字创新的促进作用更显著；金融分权是财政压力推动数字创新的重要机制；财政压力对数字创新的溢出效应呈倒"U"形非线性变化态势，且在经济依赖性较强的地区作用更突出。由此，应该从实施差异化财政分权策略、适度提高金融分权水平与发挥财政和金融合力作用方面，形塑数字创新能力。

有学者通过对2010—2019年我国30个省份面板数据进行分析，发现各省份数字经济发展与要素市场化配置均存在正向的空间相关性和空间溢出效应；数字经济发展能够对区域创新效率产生显著的正向影响；从全国层面来看，数字经济发展主要通过完善要素市场化配置、提升要素配置效率以带动区域创新效率提升；从区域层面来看，数字经济发展能够有效畅通东部、中部地区要素配置和循环通道，形成"集聚—优化—再集聚"的良性循环，但对西部地区要素市场化配置有负向影响，进而导致区域创新效率差距不断扩大。据此提出建议，要充分利用数字经济发展带来的要素市场活力与空间溢出效应，加强区域间创新合作，构建数字创新生态体系，因地制宜采取区域差异化发展战略（张慧等，2022）。

**2. 数字创新发展**

数字创新过程中数字能力的嵌入，改变了产品和服务提供价值的过程；中国海量的用户基础及其异质性与多层化成为中国企业未来推动数字发展、形成核心竞争力的巨大机遇（陈晓红，2018）。研究学者们提出了以"创新支撑—创新流程—创新产出"为主线、"机制—创新产出—创新结果"为支线的技术创新管理框架，并深入评述结构中各个组成部分的最新研究现状，提出未来研究方向，力求促进中国数字技术创新研究的深入发展（刘洋等，2020）。

目前还鲜少有研究将大型企业的创业实践与数字创新相结合，探讨数字经济下由创新驱动的大型企业创业活动，导致对大型企业是如何在数字创新的支撑下驾驭企业创业活动的理解仍然有限。于是，张玉利等（2022）首先梳理提炼了大型企业在数字经济时代的机遇和优势，然后对既有研究中针对大型企业创业的关注与探索进行了回顾与总结。其次，以前述梳理工作为逻辑起点，提出了有可能挑战管理主流理论观点的研究课题，即公司关联创业、大型企业机会识别与定义以及对管理模式的冲击。

晏文隽等（2022）从提升企业科技成果转化效能方面对数字赋能创新链展开研究，最终提出以企业为数字技术赋能创新链的价值实现载体，提出企业利用数字技术挖掘价值链前向一体化、提升价值链品质、拓展价值链向后一体化，从而提升科技成果转化效能的机制。

## 二、用户体验理论

用户体验理论最早产生于人机交互与计算机科学领域，人机交互研究的重点是改进用户与计算机系统之间的交互方式和设计界面，以提高用户的使用效率和满意度。用户体验这一概念由美国认知心理学家、计算机工程师和工业设计师唐纳德·诺曼（Donald Norman）提出并推广。用户体验被定义为一种纯主观的在用户使用产品（服务）过程中建立起来的心理感受（焦婧等，2013），而后逐渐应用于用户中心设计、用户体验工程、情感设计、感知设计、积极体验、设计思维等领域。随着互联网技术的不断发展，用户体验理论在互联网领域得到更加广泛的应用。以下将分别介绍关于用户体验的两个著名模型——用户体验 5E 模型和用户体验蜂窝模型。

### 1. 用户体验 5E 模型

用户体验 5E 模型最早由英国用户体验专家惠特妮·奎瑟贝利（Whitney Quesenberyt）提出，她将体验的可用性划分为 Effective（有效性）、Efficient（高效性）、Engaging（吸引力）、Error Tolerant（容错性）、Easy to Learn（易学性）五个同等重要的要素（张玉萍，2023），如图 2-1 所示。具体而言，有效性是指产品或服务能够帮助用户完成任务，并达到预期的目标，有效性在于确保用户能够准确、完整地执行所需的操作，并获得期望的结果；高效性是指产品或服务使用的资源（例如时间、精力、步骤等）应该尽可能少，要求设计师通过简化流程、提供明确的导航和快捷方式等，使用户能够以最小的努力和时间完成任务；吸引力是指产品或服务应该能够吸引用户的注意力，并激发其积极的情感体验，设计师可以通过吸引人的界面设计、多媒体内容、动态交互等方式，增强用户的兴趣和参与度；容错性是指产品或服务应该具备容错机制，以便用户在犯错误时能够轻松纠正或回退，容错性要求设计师提供明确的错误提示、撤销和恢复功能，以及友好的错误处理方式，以减少用户犯错带来的负面影响；易学性是指产品或服务应该易于学习和掌握，即使对于初次使用的用户也是如此，易学性要求设计师提供明确的指导和提示，简化复杂操作，并提供逐步引导的学习路径（张甜甜和徐延章，2022；褚引楠等，2021；肇真，2021）。

5E 原则有助于评估和改进产品或服务的可用性，以确保用户能够愉快地使用并达到他们的目标（杜肖叶等，2021）。通过遵循这些原则，设计师可以提高用户体验，增加用户满意度，并促进产品或服务的成功（张绍海等，2021）。

图 2-1　用户体验 5E 模型

## 2. 用户体验蜂窝模型

用户体验蜂窝模型由彼得·莫维里（Peter Morville，2008）总结提出，该模型是目前在各个领域中认可度最高的用户体验模型。用户体验蜂窝模型用于描述和评估用户体验的不同方面，并将用户体验分为七个核心要素，形成一个蜂窝状的结构（见图 2-2），具体包括 Useable（可用）、Useful（有用）、Desirable（合意）、Accessible（可接近）、Credible（可靠）、Findable（可寻）和 Valuable（价值）。可用是指产品或服务是否易于使用、学习和理解，它关注界面的清晰度、简洁性以及用户与系统之间的交互流程；有用是指产品或服务是否满足用户的实际需求，并能够帮助用户达到他们的目标；合意是指产品或服务是否符合用户的喜好、品位和情感需求，它关注外观设计、用户情感反应和品牌形象；可接近是指产品或服务是否所有用户都可访问，包括具有身体、认知或感知障碍的用户，它强调了无障碍设计和包容性；可靠是指产品或服务是否给用户一种可信赖的感觉，以及它们是否提供真实、准确和可靠的信息；可寻是指用户在产品或服务中是否能轻松地找到他们需要的信息、功能或资源，它强调了导航结构、搜索功能和信息组织的重要性；价值是指产品或服务是否能够为用户提供有意义的价值和好处，它考虑到用户对产品或服务的认知和满意度（钱枫嫣，2019；蒋立兵等，2017；金天纬，2015）。

图 2-2 用户体验蜂窝模型

### 三、协同管理理论

协同管理理论的形成并不是一蹴而就的,而是经过一定的发展过程。在本节将主要介绍协同理论以及管理研究中引入协同理论的可能性和必要性,以此来对协同管理理论进行说明。

1. 协同理论

由于经济全球化、知识信息化、科技多样性和国际竞争剧烈化等广泛而又巨大的社会变革的冲击,系统复杂性科学的研究和发展受到各个领域的专家和研究者们的广泛重视,协同理论作为系统科学的一个主要分支,是一种以探索不同领域系统所共同面临的本质特征为目的的复杂系统科学。因而,作为建立管理各类系统问题的理论前提和处理复杂性系统问题的理论研究手段,将协同理论纳入经济管理领域中建立管理协同理论并开展管理科学研究,有助于解决企业管理、经营以及社会与经济发展进程中存在的综合性、复杂性问题。

协同理论是从20世纪70年代开始,在多领域理论研究基础上逐步建立并蓬勃发展起来的一种新兴学科专业,是现代系统科学的主要分支学说。其奠基人为德国著名物理学家赫尔曼·哈肯(Hermann Haken)。协同理论以现代科学的最新研究成果——体系论、信息论、控制论和突变论等为学说基石,吸收了结构耗散理论的巨大养分,运用统计学与动力学结合的研究方法,经过对不同领域的分类,提炼出了多维的结构空间论,并建立了完整的模型与探究方法,从微观向宏观的转变中,阐明了所有体系与过程之间的由无序向有序转变的共同规律性(王建冬和童楠楠,2020)。

2. 管理研究中引入协同理论的可能性和必要性

从可能性角度分析,主要有以下两点原因。

第一,协同理论具有普适性特点。协同理论是一种以探索在完全不同的领域中人们所面临问题的根本性质为目的的系统研究方法,其普适性是很明显的，也正是由于它的这种普适性，将协同理论纳入科学管理领域，必将对理论科学管理思想的发展以及破解实际科学管理领域中的难题产生重大启发意义，从而创造新的思想方法与科学观点。

第二，管理系统是一个复杂性的开放系统。管理系统只能通过和外部进行持续的物质信息和能源通信，才能延续自身的存在，使其朝着有序性方面发展。管理具有综合性，它一般由人、组织和环境三个基本要素共同构成，而各个基本要素中又嵌套着许多次级基本要素，也就是说，其内部结构具有非线性的特征。但管理同时也是一个开放系统，它会通过持续地接收各类数据，在进行加工整合之后，把管理对象所需要的信息输出。而也正是因为系统持续地接收信息和输出信息，其才能朝着有序化方面完善和发展（白列湖，2007）。

从必要性角度分析，主要有以下三点原因。

第一，协同是现代管理发展的必然要求。协同理论告诉人们，系统能够实现协同效应是由系统的各个子系统全部或部分的共同协调作用所决定的，协调性越好，系统的整体能力就越强，如果系统中的团队、机构和自然环境中的各个部分相互之间协调配合，围绕共同的目标一致协作地进行，就会形成"1+1＞2"的协同效应。相反，若在一个系统内互相掣肘、离散或碰撞，就会导致整体系统内耗力加大，系统内部的各个子系统都无法实现其相应的功能，从而使得整体系统处于一个混沌无序的状况。现代管理正处于一种错综复杂、难以预见且国际竞争加剧的环境，世界经济一体化的态势越来越突出，公司之间的利益争夺也越来越剧烈，而且随着技术的变迁，产品生命周期也愈来愈短，以消费者为导向的新时代已然来临，消费行为趋于多元化、个体化，对传统企业的生产方式提出了全新的挑战，而市场环境发生的变化和人民生活质量的改善，对企业的产品和服务质量都提出了更高的需求。在这样的大背景下，公司系统要生存发展下去，除了协调好内部各子系统间的相互关系以外，还需要通过协调内部所有能够合作的力量来克服各自的缺点，从而增强企业的整体竞争优势。

第二，序参量是现代管理发展的主导因素。序参量是结构协调论的基础理论，是在体系演变流程中从无到有地发生的变化流程，反映了体系中各元素之间从某种相变状态转换到另一种相变状态时的整体协调活动，并有指导新系统形成的重要参量。因此，在现代管理工作中，虽然涉及管理工作的基本要素众多，但如果能分清本质与非本质、必然与偶然、关键与次要，并找到从中起着决定作用的序参量，就可以掌握整个管理工作的演变走向（闫旭晖，2018）。序参量不但主导了系统发展的全部步骤，而且决定了系统发展的结果，序参量理论为现代控制提出了全新的理论观点，阐述了控制系统怎样在临界点上进行相变和序参量怎样指导控制系统产生新的发展、空间或功能的结构。序参量的性质决定了它是管理进展与演变的基础因子，只有在管理进程中审时度势，创造新条件，并通过调控管理过程的参量变化和强化协同，完善和凸显人们所期待的序参量性质，才能够使管理过程顺利、稳健地进行（白列湖，2007）。

第三，自组织是管理系统自我完善的根本途径。协同理论的自组织理论，试图说明管理由无序向有序状态发展的过程，实质上是现代管理实现自组织的发展过程，而协同则是自组织的方式和方法。也因此，在现代管理由无序的不安定状态向有序的安定状态发展，从而进行管理自我完善的发展，自组织发挥着不可替代的作用。当然，现代管理既要完成自组织过程，也需要符合自组织实现的要求。首先，现代管理需要具备开放性，要与外部实现资源、能力和知识的互动，从而使得现代管理具备存在和发展的活动力；其次，系统需要产生非线性相干特性，内部各子系统需要协同配合，降低内耗，发挥各自的功能作用（王建冬和童楠楠，2020；张文杰，2021；王文华和张卓，2017；段云龙等，2019）。

## 四、价值共创理论

价值共创理论萌芽于共同生产思想,并逐步演化成两种类型的流派,即基于消费者体验的价值共创理论和基于服务主导逻辑的价值共创理论。

**1. 基于消费者体验的价值共创理论**

该理论由 Prahalad 和 Ramaswamy 分别于 2000 年和 2004 年提出,从企业竞争角度入手,阐述了在全新的国际竞争环境下,由于企业和顾客的角色转换引起了公司营销理念和运营管理模式的相应变化,并提出公司和顾客共同创造价值是公司形成新的战略资本结构和新的基础市场竞争能力的全新战略导向观念。其基本观念大致包括并总结为两个方面:一方面是联合创新消费行为过程,顾客和企业之间共创价值最根本的基础就是联合创新消费行为过程,共同创造消费价值;另一方面是利益网络主体之间的互动性,价值共创最基本的实现方法就是与利益网络成员之间的互动性。同时强调,在价值共创过程中,生产者并非是取悦于消费者,而消费者也并非直接参与或向生产商提供价值,而是生产商与消费者成为对等的价值共创行为主体,并通过不断的交流与交互,共同形成个性化的价值体验、共同确定和解决需要解决的问题。

消费是一种连续的过程,而价值共创过程贯穿了整个消费流程。所以,用户体验价值的产生过程也就是用户和公司一起创造价值的过程。因为用户已经成为甚至是和公司一起创造商品服务价值的重要基础和决定要素,所以公司本身就要将自身的战略重点由创造商品和服务价值转向为用户创造全新的体验环境。公司并非向消费者出售服务,只是创造能够让他们使用的服务环境,由他们自己创建对自身而言有着特殊经济价值的服务。交互是公司和消费者一起创造价值的途径,共创价值产生于公司和市场价值系统各节点公司间的异质性相互作用。

在 Prahalad 和 Ramaswamy 看来,企业和消费者之间的信息交流不但可以帮助企业管理者掌握有关消费者及其偏好的基础资讯，同时还可以协助消费者在信息服务提供者的帮助下，进行价值创新过程。互动是以多种形式出现在价值创造或体验形成过程的各个环节之中，不仅包含企业与消费者之间的交互、消费者与消费者之间的交互，也包含企业与价值网络中其他成员的交互、企业通过为用户提供体验情境而进行的交互等。可见，旨在共同产生价值的交互，也就是在价值系统内部的交互。在内容共创的进程中，公司应当将自身的关注点由内部的生产流程设计和质量控制，向用户与公司内部交流的质量以及向用户提供可以带来独特体验的创新性交流环境转化（武文珍和陈启，2012）。

**2. 基于服务主导逻辑的价值共创理论**

2004年，Vargo和Lusch提出了著名的服务主导逻辑，其经典假设内容如表2-1所示。他们主张以崭新的服务主导逻辑来取代传统的产品主导逻辑，以引导公司经营策略的制定与执行，并旨在强调制造商和消费者、其他供应商以及价值链协作者经由持续的交互流程来共同创造企业价值。公司运营的主要逻辑，正在由有形商品交换向无形的、专业化的知识技术交流转化，在使接受者受益的同时使公司获益，即通过重新定义业务，并使用专门化的专业知识和技术，以实现对另一方当事人的效益。

服务主导逻辑的核心观点，一是服务是一切商业活动的根本和基础，二是消费者是价值的共同创造者。这里的"服务"并不仅限于传统意义上的内涵，还指企业为实现用户需要所实施的活动或服务的提供体，出于企业或其他实体的需要，采取措施、活动和行为表现及运用专业化技能（知识和技能）的活动。服务的主导逻辑是以客户服务为中心，以主控资源为营销重点，通过价值主张取得竞争优势。其范式主要体现为企业竞争优势就是消费者所参与的价值共创，消费者不仅是企业单纯的销售对象，还主控了资源，从而对公司的经营流程、消费过程和交易流程等做出了贡献。

表 2-1 服务主导逻辑的经典假设

| 序号 | 基本内容 | 说明 |
| --- | --- | --- |
| 1 | 服务是一切经济交换的基础 | 操作性资源（如知识和技能）得到广泛应用，服务是一切交换的基础，以服务交换服务 |
| 2 | 间接交换掩盖了交换的根本基础 | 产品、货币和制度掩盖了"以服务交换服务"的本质属性 |
| 3 | 产品式提供服务的分销机构 | 产品（包括耐用品和非耐用品）通过所提供的服务来驱动价值创造 |
| 4 | 操纵性资源是竞争优势的根本来源 | 导致期望变化的相对能力驱动竞争 |
| 5 | 一切经济都是服务经济 | 专业化和外包化水平不断提高，服务变得越来越重要 |
| 6 | 消费者是价值的共同创造者 | 价值创造是互动的 |
| 7 | 生产者不能传递价值，只能提出价值主张 | 在自己提出的价值主张得到认可后，生产者便着手为创造价值提供可用资源，并采取合作的方式来创造价值，但不能独立创造和传递价值 |
| 8 | 以服务为中心的观点是以消费者为导向并关注关系重要性的观点 | 服务是由消费者决定并共同创造的 |
| 9 | 一切经济和社会行为主体都是资源整合者 | 意味着价值创造的情境是不同资源整合者形成的多重价值网络之间的联系 |
| 10 | 价值总是由受益人独特地用现象学方法决定的 | 价值是具有独特性、体验性和情境依赖性的，而且还承载着一定的意义 |

以上两种价值共创理论的区别主要体现在两个方面，即研究的视角和价值共创的内涵。在研究的视角方面，基于消费者体验的价值共创理论重点从公司管理和经营策略制定的微观角度展开探讨，是从公司战略管理与竞争的角度去研究价值共创问题，以引导公司按照该价值共创方法对经营策略做出

调整；而基于服务主导逻辑的价值共创理论则从新市场经济发展趋势与价格演进模式的宏观角度展开了研究，服务主导逻辑也被认为是一个新市场经济模型，其特点是由生产商和消费者联合共创价值，体现在"一切经济都是服务经济"的基本假设下企业和用户在价值产生活动中的关联变化。在价值共创的内涵上，基于消费者体验的价值共创理论侧重点就是用户需求，其个性化需求也正是公司所寻求的最大利润增长点，并且共创的过程也是一种连续过程，包括产品开发、设计、制造、消费和服务都是价值产生过程，从价值产生的范围来看，有着更广阔的含义；而基于服务主导逻辑的价值共创思想则特指产品使用价值，而使用价值正是产品客户所追求的最大价值，使用价值产生于产品应用与消费之间的过程中，是整个价值形成过程的一个重要组成部分。

基于顾客体验和服务逻辑的价值共创理论，关注的是公司与客户的二元互动关系，基于服务科学和服务生态系统。传统价值创新模式所注重的是一个相对静止的过程，而支撑共享经济的网络技术则让供给和需求之间能够做到"瞬间"的相互匹配和传递。因此，服务主导逻辑下动态、松散、耦合的互动关系更适合分享经济企业进行价值创造（郝金磊和尹萌，2018）。

## 第二节 数字创新相关研究

本节从数字创新的定义出发,具体介绍了数字创新的内容和特征,并阐明当下数字创新的主要类型。通过了解数字创新的已有研究,为下文探索分析数字创新与各变量间的作用机理奠定基础。

### 一、数字创新的定义

数字创新是多种创新主体基于不断增长的数字基础设施重构产品和服务,并创造新商品或创造新业务的组织过程。数字创新要求物理技术与数字化产品、生产方式与管理逻辑之间的相互连接、结合。

通过数字创新,可以不断挖掘潜在的组织或社会需求,比如耐克跑鞋和苹果公司的产品(手机、手表等)组合,产生了智能健康检测的新兴业务。数字创新技术重新配置了现有商品和服务的数码结构和物理组成,利用新的技术组合形成新商品并创造出新服务,这种新型商品或服务既将数字化内嵌在信息技术中,又受到数字化新信息技术的进一步驱动。

支撑数字创新的数字技术,将物理产品和服务、数字资源、虚拟网络环境等与创新者连接在一起,其所提供的情景支持功能使得创新者能够通过把数字化能力"嵌入",使物理性产品与服务的功能、意义、内涵得以扩展(例如以手机短信形式实现的传统纸质高铁票的服务凭证功能),数字创新正是依靠数字化技术的高灵活性在产品中不断嵌入新的功能。

数字技术的嵌入和驱动对传统产业转型的影响，还体现在对生产产品和提供服务的设备、网络、服务和内容层次的解耦与重构。

## 二、数字创新的自生长性

数字创新的自生长性，可以通过对数字化技术的无边界创新以及大数据驱动的平台化组织模式来进行阐述。

### 1. 基于数字化技术的无边界创新

数字化信息技术在产品与服务领域的广泛嵌入，也促进了许多无边界的新产品和服务的产生，如智能手机的产品服务边界需要。消费者在选择产品后，可以继续使用其他的产品以扩大产品与服务的使用范围。

由于无边界技术创新的自生长性，数字技术创新规则和传统技术创新理论研究中的模块化技术创新规则之间存在着很大不同。模块化技术创新是对产品结构和业务组件及其内核设计组成逻辑上的创新性变革，而产品结构和服务组件内部的连接规则和产品子系统内部的交互方式并不会发生变化。所以，模块化企业的设计与研发流程中没有吸纳创新技术的结构体系，无法灵活调整现有产品组合和创新的产业、技术结构。

而自生长性的数字技术创新在产品设计的最初阶段是无边界的，并不能对产品整个结构做出全面设计，也不能清楚各模块将怎样和其他模块集成，但随着人们对应用设计相关要求的持续发掘，不断地通过对产品与部件的整合和对数字信息技术的嵌入提高产品设计功能，并随之产生新的产品和业务。

### 2. 大数据驱动的平台化组织模式

支撑数字创新的新组织模式正从垂直整合向双边分散的形态转变，开源和众包等模式使创新轨道从组织内部向跨企业边界和创新网络边缘推进，建立了一个电子化网络平台和以需要为主导的新组织模型，并以平台化的数据商品或业务以及共同的数据基础建设为核心，最终将实现更为灵活和可扩展的创新生态。

举例来说，风靡全球的苹果手机，它的许多服务创新来自成千上万的 APC（Advanced Process Control，高级过程控制）开发者而并不是苹果自身，所以苹果公司的重要作用就是利用 iPhone 的 iTunes（苹果手机助手）提供一个创新系统；滴滴打车通过平台把数以千万的客户与国内各个城市的出租车联系到一起，利用分布式的技术平台结合包括消费者在内的市场主体，提高其技术与业务的网络解决异质化市场的能力，快速把新兴的业务融入其核心业务，并持续为用户创造价值。

自生长性的无边界数字创新需要使用比模块化组织更灵活的产品架构，比如层次式模块化架构。层次式模块化结构中，由于产品边界不确定，与产品组件间的标准化连接产生了松散的耦合关系，为新功能、新产品、新业务以及新技术参与者的加入留出了更多的余地，进而有效地促进了机械产品与数字和物理产品之间的重新组合，并最终形成了更多创新的产品与业务。比如产品层面的苹果手机是谷歌的手机工作系统的物理模块，同时又通过业务与内容层面的谷歌地图的嵌入形成一个数据系统，这些技术与业务系统的交叉嵌入和结合，形成了大量难以预测的数据创新活动。可以看出，数字创新方法突破了传统管理学研究中的创新方法，横跨了管理信息系统、企业管理系统和战略管理系统等多个专业领域。与传统创新相比，数字创新组织界限的模糊与不稳定，往往是指网络化、层次化和模块化融合的新组织模式，创新过程必须全面考虑科技、社会、经济与数字化发展等高度难以预见的发展变动。

此外，数字创新不再以企业为核心，而是围绕数字平台，以数字化基础设施为基础，以数据为驱动要素，涵盖公司、科技组织和消费者等各类创新主体，基于平台化的组织模式，形成了数字创新的产品和服务创造架构（谢康，2023）。

### 三、数字创新的主要类型

数字创新是一种新兴概念,其主要有以下两种类型。

**1. 增量创新**

即由信息、计算、沟通和连接这些全新数字技术创新(包括单元数字创新和技术组合创新),为经济和社会创造技术增量、价值增量。

**2. 赋能创新**

即将数字科技与中国原有农业、制造商和服务业深入融合,促进中国原有行业的全面数字化发展,为经济和社会创造价值增量。

增量创新和赋能创新是紧密结合在一起的,在实际价值评估中是很难分开的。例如,在医药健康、数字教育、纳米材料等创新型领域,既有大数字科技自身的技术创新,又有与传统产业和大数据科技深度结合的突破。2020年新冠疫情之后,长三角医疗健康产业中的各类医院与丁香园、微医、微脉、春雨医生等平台公司,以及阿里云、每日互动等数据公司相互融合,建立了"产业创新生态系统",该系统就是增量创新与赋能创新共同作用的结果,解决了跨区域远程治疗、医疗服务的共联共享(焦鹏举和胡登峰,2020)。

在数字经济时代,组织是关系结构化和结构关系化的核心载体,由于组织性质不同,因此治理的目标、制度和方法有很大差异。聚焦经济组织中最主要的两类形态——企业组织和产业组织,从这两类组织的演化趋势入手,可以更为清晰地剖析数字治理的主体关系。

数字经济时代,企业组织的内涵正在被颠覆。传统企业组织有明确的组织边界、固定的组织形态、稳定的科层结构和标准的绩效体系,这些特征是企业同时追求外部交易成本和内部控制成本最小化而演化出来的结果。数字技术的发展正在改变罗纳德·科斯(Ronald Coase)的经济学假定,组织间的交易成本可能趋向于零,内部科层治理成本则可能呈现指数级上升,这就逐渐瓦解了科层组织的优势,使得企业组织的边界走向消亡。比如阿里巴巴、腾讯、小米等企业，借助大数据、云计算、人工智能等技术，使得交易双方的信息越来越对称，组织从科层控制走向民主治理，组织结构从垂直走向扁平。组织平面内的个体从雇员向合作者演变，组织之间从竞争者向合作者演变，形成全新的协同创新组织形态（魏江等，2021）。

## 四、中国式数字创新

在我国，探索数字创新必须将认识论和方法论更加紧密结合，引导行业发展，借助"互联网+"延长产业链、整合价值链，引导公司在数字技术创新流程中认识并掌控有战略意义的核心技术元素，切实增强竞争力，这就需要管理学术界的共同努力，做出创新的理论贡献。

产业整合成为当前数字技术创新的重要力量，通信信息技术、制造信息技术、移动网络、人工智能系统等各种信息技术和行业的结合，推动着各行业的信息技术、数据与技术的广泛整合，中国的数字技术创新在扩大应用范围，信息技术数据的获取和集成水平也在日益提升。开展中国式数字创新，必须重视如下所示的几个特点。

**1. 异质化和规模化**

中国的海量用户将驱使着中国数字技术创新向满足异质性的需求方向发展，中国数字技术创新也将以迅速增长的异质化应用市场为服务对象。而中国相对不平衡的地区经济社会发展水平，以及差异性、多样化、梯度性的市场需求，也进一步提高了中国数字技术创新在不同时期、不同地区、不同行业的异质性程度。

另外，大量的企业和巨大的市场需求也推动着新商品和新业务规模化的形成与拓展，这是中国独有的优势。在未来医学领域的数字创新中，我国可能领先于发达国家并有新的数字医学模型。数字化社会，在大量的异构网络间要交换共享信息，企业间的数据采集和信息共享也需要标准治理的技术。

### 2. 关联性和社交媒体驱动

随着消费者在创新过程中角色的转换（从技术创新服务的用户到革新服务提供的参加者），数据技术创新将更加以客户需求为核心，而消费者和科技知识团体之间的高度社会化关系也促进了数据技术创新的高速迭代。

小米手机创新成功的原因之一在于小米公司同时使用迭代的方法开发软件和操作系统，通过这种"网络和社群媒体的研发模型"充分调动并整合了约10万人的研发队伍。小米的MIUI操作系统可以每天完成更新迭代，社交网络的出现也为小米等公司的产品造势和品牌传播打下了基础。

### 3. 政策驱动下的数字技术与产业融合

进入21世纪后，国家先后制定了"三网融合""两化融合"等一系列政策措施，大大增强了中国数字企业主体在新业态和新方式条件下提供新产品和新业务的能力，以此来适应迅速变化的市场需求和未来市场发展的新态势。

## 第三节 私域流量相关研究

构建私域流量是数字经济时代促进企业发展的良好路径,对于私域流量的研究,一方面有利于企业的稳定运营与发展,另一方面则有助于完善相关领域的研究。

### 一、私域流量的内涵

私域流量最早出现于2017年,一些公开的观点认为私域流量是"平台能够反复接触,多次进行宣传和推广的用户"。部分学者则有不同的观点,认为不能把私域流量只界定为在平台中的流量,只要是商家稳固的、可自行管理的用户都是私域流量。有学者认为,私域流量指的是基于信任关系的封闭性平台上的流量池(易艳刚,2019)。如果说公域流量所代表的是流量思想,那么私域流量所表达的则是用户思想。从公域角度来看,公域流量的用户对于传播主体只有短时间的忠诚,而私域流量的用户能够实现反复购买的持续价值(邱立楠,2020)。而另有学者将私域流量与用户结合起来分析,认为私域流量是将用户当成重要的个体,强调用户与品牌的关系,具有共同信念的用户形成的群体即为私域流量(喻国明,2019)。传统媒体要搭建自己的私域流量池,进行私域化的精准传播。私域流量具有单核心、强社交、易迁移,圈层式与长尾传播,用户价值与群体信任的特性(赵哲超和郝静,2019)。研究表明,媒体呈现出私域传播转向的趋势;用户互动场景成为媒介大众传播的延伸；强调私域媒介，增强为客户提供精准信息的意识将增强媒介传播能力（王佳航，2020）。

新榜研究院在2019年提出，获取新用户、内容营销和策略是私域流量运营的重要步骤，应该以此为目标全方位打通来运营私域流量。在互联网时代，人们在网络和现实的空间场景中切换，用户会因不同地理位置和现实场景产生多样化的需求。新闻编辑应该拥有私域流量的用户思维，根据不同的用户画像生产不同的信息，通过精准推送，实现传播的高效率（邱立楠，2020）。在新媒体时代，以用户需要为导向，为其提供优质的内容和服务，精准化运营私域流量池，是媒体扩大传播力的重要手段（单俊楠和魏艳丽，2020）。

## 二、私域流量的运营模式

大多数公司都只关心用户流量从何处来，而忽略了更为重要的精细化管理与经营上的体系建设。私域流量的经营目的是把用户流量积淀在公司可自己管理的业务渠道中，通过精细化运营变成公司的无形资产和增长动力。

**1. 私域流量的运营载体**

（1）个人微信。

微信个人账号是企业构建私域流量池的第一方式，也是企业目前触达用户最直接和有效的途径。企业个人号营销可以协助企业与顾客进行直接交流，深入理解顾客需要，迅速有效地处理顾客需求，提高顾客黏性，促进业务提升。商家企业可以针对用户的个性特征、需求喜好等明确用户人群，同时利用广告、互动等手段实现营销传播，提升品牌复购度。

（2）企业微信。

企业微信不仅是一个IP的延伸，还是所有有企业背书、有产品背书的正规企业、正规商品，通过企业微信生态体系进行商业化变现的平台。依托着最多可以申请25万名用户的业务基础，企业微信可以继续拓展私域流量池的范围。其变现方式则强调向使用者提供优质服务，利用企业微信端带来的可控、可运营的信息技术手段，进行用户标签细分，并开发会员制、订阅制、咨询制等业务形态。

（3）小程序。

微信商城等小软件的诞生，使得微信消费者无须在其他渠道进行商品交易和用户体验。除此之外，学习服务提供商家可提供轻量级的小软件，帮助用户完成在微信中的打卡、题库分享、学习排名等小操作，使相关的过程变得更为简单、快捷。利用小程序，用户能以相对低廉的机会成本和时间成本了解更多的即时资讯，也可以更有效地调动用户热情，从而保持用户的积极性。

（4）公众号。

公众号可以帮助公司和消费者之间迅速建立联系，公司可以利用微信公众号发布资讯、建设商城、提升售后服务。微信公众号的消息传递方式大多是单向传递，用户的回应时效性较差，与粉丝交互感较弱，有效触达度也较低。公众号的长期营销主要依靠推送内容，丰富有趣的内容可以帮助公众号迅速获得流量，从而增加留存度。

**2. 私域流量的运营流程与分类模式**

由于私域电子商务社群经营中的顾客、经营范围以及提供业务的不同，逐步发展出了一些常见的私域电子商务经营方式。

（1）购物伙伴。

购物伙伴是微信平台内存在数量最多的一个电子商务形态，即所谓"微商"，其借助个人微信进行小范围运营，店铺内有着相对稳定的顾客群。目标受众人群较为重视商品性价比，消费能力跨度高，一旦形成信赖，购买频次就会很高。但由于是个人经营，没有品牌背书，也不受微信平台保障，对商品真伪性没有保证，因此具有一定的商品经营风险。

（2）领域专家。

领域专家主要是借助微信公众号等社交平台开展营销，品牌方专精于某一范围，定期推出品质好、针对性强的内容招揽粉丝，并有机会举办线下公益活动。粉丝多因兴趣而关注，他们具备强大的社交互动能力，主动性较高，具有相当的购买力。产品方对品牌知名度、粉丝影响力的需求也较多。当商品信息触达后，粉丝可利用微信公众号接口、小程序等电商工具，进行产品选择。由于领域专家拥有大量产品背书，因此购买风险相对较低，用户可采取适当的方式维权。例如，"花姐食养"的IP作者是健康类小食品领域专家，而早期的"花姐食养"也是中国电子商务平台上众多售卖产品的小企业之一，借助其在微博平台、电子商务平台等的推广，"花姐食养"以专职营养师的角色把小食品企业打造成了中高端的健康女性食养企业，并吸引了百万量级粉丝。现在，其私域流量池已具备了相当规模，粉丝们可以使用微信订购商品以及参与品牌互动。

（3）私人助理。

私人助理利用社会化的网络平台为客户进行私人订制服务，一般具有两种基本运作方式，一为企业品牌管理，二为个人品牌管理。公司品牌的消费者基于品牌影响力进行消费决定，而个人品牌的顾客则基于信任关系进行品牌决策。私人助理对政策制定者的知识、专业技能需求较多，其具备很强的品牌意识，重视自身品牌，注重人性化服务，对企业的满意度最高。目前服务有个人健康辅导、营养搭配、培训等领域。

基于微信的私域流量池搭建流程，如图2-3所示。

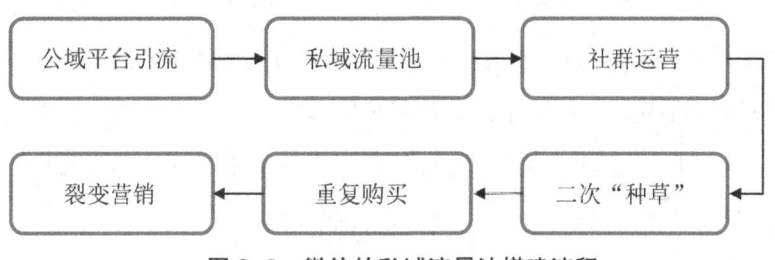

图2-3 微信的私域流量池搭建流程

公域平台引流 → 私域流量池 → 社群运营 → 二次"种草" → 重复购买 → 裂变营销

# 第四节  用户体验相关研究

用户体验是众多销售企业或商家所看重的，众多学者也对其进行了研究。本节主要介绍用户体验的概念、研究范围及要素，从理论角度更准确地了解用户体验，为下文针对用户体验展开分析奠定基础。

## 一、用户体验的概念

用户体验与客户体验的概念不同，它既是客户体验的 4P 理论等的衍生，也是体验经济的拓展。用户体验一词来源于体验经济。体验经济最早可溯源至 20 世纪 70 年代，阿尔文·托夫勒（Alvin Toffler）在《未来的冲击》一书中指出，体验经济将是未来经济最重要的资本。体验经济理论首先解释了用户的体验，它把用户体验作为主体，在对商品和服务的使用中，自然而然地会出现一种精神上的感受。美国经济学家约瑟夫·派恩（Joseph Pine，2001）和詹姆斯·吉尔莫（James Gilmore，2001）在《体验经济》中指出，未来经济是体验经济，即用户在消费过程中积极追求自我感受的满足、重视自我体验，不再局限于功能性满足，而是更注重用户的感官性、个性化和参与性等心理需求。体验包括用户体验，逐渐受到国内外学者和企业界的关注。体验经济是服务经济发展的下一层次，将会经过图形界面阶段、网络界面阶段和多媒体互动阶段。

目前，学术界和企业界从产生原因、组成部分、可用性扩展等角度给出了用户体验的定义，但并没有形成统一的定义。近年来，由于手机上网的广泛应用和各种手机应用的高度普及，人们对电子产品的消费行为日益关注。用户体验日益深入地融入日常活动中，更多的专业人士都在致力于此项具有高度综合性的课题，主要观点如表2-2所示。国际标准化组织（International Organization for Standardization，IOS）把用户体验定义为人们在使用或者准备使用商品、系统、服务时产生的情感反馈，并在其精神层面形成一个总体的认知（许晓宇，2016）。

表2-2 用户体验主要观点

| 学者 | 时间 | 主要观点与贡献 |
| --- | --- | --- |
| Dewey | 1980年 | 当用户感知到自我体验已经发生，会在体验过程及体验结束后对其结果做出判断，并产生相应的反思 |
| Schioitt | 1999年 | 体验来自个体对于刺激的回应，是人们在受到短时刺激或者长久经历以后产生的一种主观心理情绪。这种情绪具有不确定性的特征，会因个体的不同而产生不同的主观情绪 |
| Forlizzi | 2000年 | 用户体验是由浅至深的，浅层的体验是指大脑下意识的直接体验，是一种使用产品过程中大脑接受信息产生的即时性感受；而深层次体验则是指在使用产品过程中大脑进行信息处理，产生的一种主观感受 |
| Hassenzahl | 2001年 | 用户体验是用户的一种内在感受，包括动机、需求、刺激和预期等，同时也包括在特定交互环境中发生的体验变化以及其中情感因素的作用。除此之外，用户体验还可以分为娱乐、美学、享受三个非技术特征 |
| Garrett | 2002年 | 用户体验并不在于关注产品及服务本身的工作机制，而应该关注产品是如何与外界发生接触，并在这个过程中发挥其自身作用的 |
| Kuniavsky | 2007年 | 从HCI（人机交互）的角度出发，认为用户体验与HCI的关系以及它自身的定义是非常复杂的，二者在许多研究领域都有重叠，但是用户体验的研究范围较HCI更广。它包括了影响终端用户与组织之间关系的一切因素，尤其是当产品在终端用户与组织之间充当中介的时候 |

## 二、用户体验的研究范围

在用户体验的应用中,信息技术、工业设计、社会学、统计学、心理学等各学科的相关理论都将成为用户体验的重要来源。在交互设计的研究中,用户对产品的认知和了解,主要表现为用户界面、功能是否完整和易于操作、使用过程的直接/间接感受等(Forlizzi 和 Ford,2000)。一些学者从交互产品设计角度将用户体验定义为内容、品质、功能、可用性四个方面,并以此为依据,以四个方面的因素来进行测量和评价(Robert,2004)。

在心理学的研究中,可以把用户体验的应用延伸到用户与产品之间的互动,这不仅仅是指产品使用,也包括用户与产品互动过程中从功能到精神层面的感受。唐纳德·诺曼(2003)提出,要更好地了解用户互动中的精神感受,应该从娱乐、享受、审美三个方面入手。

在信息系统和网站设计方面,信息架构师非常重视用户体验,经过多年的研究,逐渐建立了一种比较完整的信息架构。他们相信,积极的、丰富的体验不但会给用户带来很好的回馈,而且还会增加网站收入。彼得·莫维里总结了该工程涉及用户体验的各个方面,并开发了用户体验要素蜂窝图。

## 三、用户体验的维度划分

关于用户体验的维度划分,目前已经有不少国内外学者在此领域有所研究。当前应用最广泛的是美国学者杰西·加勒特(Jesse Garrett)的《用户体验的要素》,他根据客户对网站的感知程度,将客户的感知分为战略层、目标层、结构层、框架层和表现层。战略层是解决做什么的问题,目标层是解决如何转换需求的问题,结构层是解决整合的问题,框架层是解决路径的问题,表现层是解决视觉感受的问题。

随着信息技术的不断发展,国内外关于用户体验维度方面的研究也更多地集中于互联网领域,特别是网站的用户体验方面。目前学术界具有代表性的观点,如表2-3所示。

表2-3 用户体验维度划分主要观点

| 学者 | 时间 | 主要观点与贡献 |
| --- | --- | --- |
| Rubinoff | 2004年 | 用户体验的要素主要有四个:内容、品牌、功能性和使用性。内容指的是网站的信息架构以及界面布局的准确性、合理性;品牌指的是网站提供产品的整体形象;功能性和使用性指的是网站是否能为用户提供他们所需要的功能以及这些功能是否易于操作 |
| Ethymios | 2005年 | 网站用户体验分为三个方面,分别是内容层体验、功能层体验以及心理层体验 |
| Bnakusy | 2009年 | 用户体验可以划分为行动体验、思考体验、感观体验和情感体验等四个维度 |
| Steve | 2005年 | 用户体验包括四个维度:幅度、密度、触发点、互动性。而各个维度又包括了诸多方面的要素,如互动性涉及交流、控制力、反馈、创造力、适用力等 |
| Vyas 和 Oeric | 不详 | 提出了用户体验的APEC模型,包括了审美、实用、情感、认知四大要素 |
| Hassenzahl | 2010年 | 从用户体验的功能层面出发,可以将其分为享乐型和实用型两种 |
| 张红明 | 2005年 | 从个体心理需求及需求层次的角度将用户体验划分为五个维度,分别为感官体验、情感体验、成就体验、精神体验和心灵体验 |
| 李小青 | 2010年 | 网页端的用户体验包括如下几个方面:功能体验、视觉体验、浏览体验、品牌体验、互动体验、内容体验和情感体验等 |

# 第五节 协同管理相关研究

协同管理是企业长久发展的必然选择,本节着重介绍了协同管理的主要内容、思想基础及其实质与特点,多方面多层次掌握协同管理的研究现状,便于下文展开对协同管理的研究。

## 一、协同管理的主要内容

把协同思想融入经营管理,就产生了协同管理思想。协同管理思想是指应用统一协调理论的基本方法与技术,按照管理目标的统一协调原则实施管理工作的一个理论体系。

**1. 协同管理的主要类型**

实际经营过程中存在着大量的协同问题,为了方便研究,将杂乱的问题信息系统化、理论化,就必须把有相似性的协同问题加以细分。目前,协同管理的类型划分主要有以下两种方式。

(1) 按管理要素来划分。

包括了网质要素的协同管理与异质性因素的协同管理。网质要素的协同管理主要表现在系统规模效应或聚集效应上,如市场运营中扎堆效应的产生等,而异质性因素的协同管理则主要表现在系统整体效能上,常体现在较新的体系架构上,如车辆运行中必须通过发动机、方向盘、电路、汽油等各种因素充分发挥它们的功能,产生独特的体系架构。

（2）按空间维度来划分。

包括了组织及环境的协调、组织目标协调、组织功能与结构协调、技能与方法协作、文化合作等工作类别。这些类型划分的基础是：对于组织中的管理时间问题以及各种业务由于具有空间上的偏差，再加上作业类型上的差异，导致一些工作之间具有密切联系，从而更容易产生相互作用和影响，而对另一部分工作的影响则相对偏弱，进而产生了文化协作在空间上的群类属性，也就是用空间维度去评价在客观上产生的不同文化协作类型。

**2. 协同管理的基本原理**

按照协作论的核心思想和内涵，协作控制理论具有以下四个基本原则，即序参量确定原则、控制涨落引导原则、控制相互作用原则和协作控制功能倍增原则。

（1）序参量确定原则。

序参量确定原则是指在企业管理中，一旦能够确立在管理中起着决定功能和决策作用的序测量参数，就能够采用管理外部参量的方法提供一个促进企业管理向有序方式发展的环境或平台，并以此判断整个管理发展的走向。阻碍企业管理发展的要素有许多，而究竟什么才是起决策功能的序测量参数，就面临着确定管理序测量参数性质的问题，对管理序测量参数的选取方法应根据管理序测量参数的性质来判断。首先，管理序测量参数必须是宏观参量，它能够描述企业管理的总体情况；其次，管理序测量参数必须是企业管理中各子系统协同运动的结果和协同效果的体现与衡量；最后，管理序测量参数决定了系统中各子系统的活动，并主宰系统的演化过程。在实际的管理行为中，因为管理特征的不同，管理序测量参数也并不相同，因此作为管理主体必须学会审时度势，通过认识对系统特性起着决定功能的序测量参数，采取合理的管理外测参数和强化系统内部的措施，完善并突出管理序测量参数，从而推动系统沿着合理的有序性状态演进。

（2）控制涨落引导原则。

控制涨落引导原则指出，系统的某些极细微的变动将产生更大的结果性差异，体现了在系统持续的涨跌与起落环境中，偶然的支配力量将会决定整个系统的演化方式与范围。对于系统而言，因为其所面对的环境条件在持续变化，各种不确定性因素也随之产生，当整个系统达到临界范围附近之后，也正是由于这些不经意的变量所引起的极细微变动，使整个系统雪崩般地产生了新的有序参量，并由此主宰了其演化与发生的方式。

（3）控制相互作用原则。

控制相互作用原则是指系统的各子系统或各因素产生的互动与影响，某些因素的影响可以激活并影响其他因素的潜在功能的发展，以此推动管理任务最终达成的结果。该原则强调从系统整体入手，把系统各因素的作用协同起来使之相互作用和彼此激励，推动其他因素功能的发展，促进整个系统的能力提高。

（4）协作控制功能倍增原则。

协作控制功能倍增原则是指相关因素与各系统在协同工作时的整体效率之间形成互补作用从而使之相互作用放大，它主要强调对系统进行整体协调之后，由于系统内各部分及构成成分间的同向协作、配合，从而减轻或避免系统内耗。所谓功能倍增，包括个别因素对总体作用的补充与整体系统相互耦合的功能倍增作用两种形式，前者是因素在系统内因为自身功能与作用上的共同特点，导致其对总体起着不可或缺的作用，而后者则是指系统的整体性作用是由各子系统相互作用与耦合而形成的全新的综合作用，这种耦合可以让系统的整体功能得到倍增。

**3. 实施协同管理的条件**

实施协同管理的基本条件，是指所有参加协同管理工作的各种因素共同合作，形成一种有序的、有效的管理活动体系的基本前提和必要条件，包括开放性、非线性相关度和随机涨落度。开放性环境创造出统一有序性自组织的能力和环境，从而对抗其内在的无序性倾向；非线性相关度为外界能量资源的输入提供中介，也导致系统随机程度的变化；而随机涨落度则促进了自组织的产生与发展。

协同管理工作中的稳定条件主要包含协同相互关系与合理的利益分配，协同相互关系是指管理系统内各部分及各种因素间的合作程度，而合理的利益分配则对协同管理工作的顺利进行起着决定性影响。

**4. 协同管理机制的运行**

协同管理机制主要由协同管理系统生成机制、协同管理实现机制和协同管理约束机制组成。协同管理系统生成机制的研究，主要涉及协同管理系统的总体目标、组织系统的实际运行状况和协同管理系统生成的主要技术方法——协调管理目标和组织体制运行状况间的差异评价与收益分享协商；协同管理实现机制则着重关注合作价值的确定、合作要素价值预先评估、沟通交流、要素集成、序参量的分配及其对实现成果情况的对照反应机制；协同管理约束机制贯穿在整个协同管理流程当中，有生成机制中的制约，也有实施机制中的制约。协同管理系统中的各机制是相辅相成、缺一不可的，共同激发相应的功能效应并导致协同的效果发生。协作管理的形成机制，就是在协作组织的形成机理基础上，经过协作目标的发现和一系列过程的具体操作，最后完成协同效应。而协同的过程机制则是协同管理效果形成的关键保证，它一直贯穿于整个协同管理流程当中，保障着整个协同管理流程内各种协作活动的顺利完成。

## 二、协同管理的思想基础

20世纪70年代赫尔曼·哈肯创立了协同学，亦称协同论、协和论，这是协同概念的一个重要源流。协同论认为，自然界的复杂结构形态是系统相互作用——协同作用的结果。协同论的思想被管理学理论所吸收，认为协同是现代管理发展的必然要求，协同论的方法可以应用于社会群体和企业组织的管理之中。在管理领域最早提出"协同"这一概念的学者伊戈尔·安索夫（Igor Ansoff）给出了一个协同公式"2+2=5"，表达了这样一种理念：公司整体的价值大于公司各独立组成部分价值的总和。随后日本经营管理学者伊丹敬之把伊戈尔·安索夫的协同概念分解成"互补效应"和"协同效应"两部分，他心目中的协同是一种发挥资源最大效能的方法。后来又有许多战略协同研究者提出了管理协同的理念，由此形成了协同管理的思想基础，并将其定义为：在系统内的自管理以及来自外部的协调控制的影响下，其所有子系统及其要素间的和谐共处，从而使其获得协同效应的活动。

### 三、协同管理的实质和特点

协同管理是根据所存在的复合系统的结构功能特点，利用协同学基本原理，根据预期目标对系统实施有效管理，以达到系统协同发展和产生协同效应的科学管理过程。

协同效应是对信息系统总体性功能的反映，是在有效管理功能下各子系统功能相互耦合而成的新的系统总体效能。各子系统功能的耦合能使整体的能力得到倍增，远远大于所有子系统能力的总和。系统在整体协调后所带来的整体效能的提升，称为系统协调管理中的协同效应。也因此，整体协调效应不仅仅体现在系统统一协调前后的绩效增量上，也体现为系统统一协调后总体绩效的最大化。

越是复杂的复合体系，系统协调对达到系统发展预期目标的影响也就越重要，而系统协调后所形成的整体协调效果也越突出。

# 第六节 价值共创相关研究

本节主要介绍价值共创理论的形成路径、价值共创研究视角的比较分析以及价值共创的影响及影响因素研究,为后文开展有关价值共创的研究奠定基础。

## 一、价值共创理论形成路径

价值创造是企业战略关注的核心问题之一,价值创造主体的变化导致了对价值创造方式的不同认识。传统的观念认为,生产商才是真正的社会价值提供者,而消费者则是纯粹的社会价值消耗者。但正是基于价值共创思想,公司不再是单一的价值推动者,消费者也不再是单一的价值耗费者,而是直接与公司相互作用的价值共创者。因此,价值共创思想作为一个全新的价值创新问题日益引起经营理论界的重视,价值共创思想的出现也给公司原有的利益创建方法、公司战略、经营思想以及公司行为理论等带来了巨大的挑战。

**1. 早期的价值共创思想**

价值共创思想最早可以追溯到19世纪,一般散见于服务经济学研究文献中。Storch(1823)在研究服务业对经济的贡献时曾经指出"服务过程需要生产者和消费者之间的合作",这一观念暗含了服务质量效果和服务价值建立由生产商和顾客一起决策的观念(Ramirez,1999)。Fuchs(1968)在研讨服务经营意义与服务产业的重要性时也明确提出，由于顾客是一个重要的组成部分，如果不把顾客作为生产的重要协作原因，会对行业的效率造成巨大的负面影响。许多行业的制造效率，在相当程度上依赖于顾客的专业知识、经历、行为以及诚信能力。

20世纪60年代，经济学的一个理论分支——消费者生产理论，突破了消费者对价值创造贡献仅限于服务经济领域的观点，以经济学的方式更直观地说明了消费者的价值创造作用。由生产商所供应给客户的一切商品，均无法直接满足客户的需要，而客户的需要则是可以经由客户"制造"来获得实现的，即客户运用生产商供给的商品或服务质量及本人的资金、经验和技能等消费资本来产生可以实现自我需要的合理价格。生产商在这一过程中的首要任务就是协助顾客实现其制造过程，而生产商在顾客制造过程中所起作用的重要程度与特殊性将直接决定其竞争力与利润率（Becker，1965）。因此，在消费者生产理论中，消费者本身就开始承担了价格缔造者的职责，而他们的制造过程也离不开一种基本前提，那便是制造过程是构建在企业创造物的基础之上的，而且在生产商和顾客之间也具有相互作用。从这一视角来说，价格就是由生产商和顾客一起来决定的。

**2. 价值共创理论的演化路径**

目前关于价值共创主要有两种观点，可以看作是价值共创理论的两个不同分支。一种是由Prahalad和Ramaswamy创立的依据消费者感受的价值共创学说，另一种则是由Vargo和Lusch创立的依据服务导向逻辑的价值共创学说。

Prahalad和Ramaswamy从战略的角度阐述了新条件下企业和消费者关系转换所引起的企业经营思想和运作方式的重大变革，同时指出了企业和消费者关系联合的发展，是企业形成新的战略资源和新的核心竞争力的全新发展战略取向。这两位学者关于价值共创的基本看法可以总结为两点：一是共同创造消费体验是消费者和公司之间共创价值的核心过程；二是与价值网络成员之间的交流合作是价值共创的最基本方法。

Vargo 和 Lusch 明确提出了众所周知的服务导向逻辑，对经济基础和服务质量价格创新等问题提出了全新的观点，在营销学术界和管理教育界产生了激烈的反应与探讨。而一系列的学术争论，也推动着服务导向逻辑思想的完善，并在最后产生了有关服务导向逻辑思想的十个假设。

## 二、价值共创研究视角的比较分析

价值共创的早期观念产生于共同制造，企业让消费者进入制造的流程，通过交互进行价值创新，这为价值共创的概念提供了依据。在共同生产下的价值共创以顾客为主导地位，顾客在公司规定的领域中进行价值共创，从客户体验角度探讨价值共创，由以客户为主导过渡到以消费者为主导。随后在业务主体逻辑的基础上演变出企业逻辑、价值科学和企业生态系统等观点，上述研究观点相互之间具有交叉性和特定意义的关系，许多观点是对业务主体逻辑的扩展，观点的演变顺应环境与现实的变迁而发生，深入研究比较价值共创的研究观点，就可以了解各种观点的实质与区别（Lengnick-Hall，1996；Wlkstom，1996；Prahalad 和 Ramaswamy，2000）。

### 1. 价值内涵与价值焦点

从内涵角度来看，价值共创主要包括参与者参与、资源整合、服务交换等内容，如图 2-4 所示。消费者体验视角的市场价值共创理论主张，现代消费者体验产生的过程就是公司与消费群体之间共同创新的过程，其重点就是从商品交换价值转化为消费者本身的体验经济价值，所以，品牌价值是在消费群体对商品的个性化体验活动中产生的。早期价值理论主导逻辑的价值共创则注重于客户使用价值中对社会价值的感知，认识与感知对价值决定过程缺一不可，没有了应用就没有了社会价值。

图 2-4 价值共创内涵

从价值共创的具体问题出发,解决的是价值共创问题的具体范围,即人们为谁提供利益。客户体验和早期的价值主导逻辑视角从客户和消费者两个方面探讨在价值共创进程中的综合意义,同时强调了客户价值和消费者价值;服务逻辑研究的价值范围则更加微观化,把消费者价值创造与公司价值创造分离,只探讨消费者价值创造;服务主体逻辑所延伸出的服务研究和服务生态系统视角更着眼于系统的利益共创,服务研究的目标是服务体系内的系统及内部利益相关者的共同价值;服务生态理论的研究内容包括了广义的服务生态系统的意义,涉及社会、经济、政治、科技以及环境中每个受益者的基本意义。

**2. 价值共创主体与相互关系**

消费者需求视角的价值理论共创以消费者为主体,相信消费者会对整个商业系统的设计、制造、配送和营销等各个环节发生作用,消费者和厂商一起创造价值(Prahalad 和 Ramaswamy,2004);早期的产品主体逻辑相信利益是由公司和消费者一起产生,重视消费者引导的问题(Vargo 和 Lusch,2008);现代服务思维模式则重视消费者使用利益的产生,主张消费者是利益推动者。尽管在服务逻辑中,消费者生态系统中的人的互动一度被提及（Gronroos 和 Gummerus，2014），但消费者生态系统的资源共创是在消费者和企业之间进行的。服务科学视野的价值共创把业务价值共创主体由公司和消费者扩大至更加广阔的服务体系，研究在客户服务体系内部以及与双方交互共创利益、服务体系的每个参加者（包含个人、企业、居民和政府部门）都是自身或别人的利益推动者（Vargo 等，2008）；比起工作科学角度，工作环境系统角度考量了更多的人类社会因素，主张任何主体的身份差异都将不复存在(Vargo 和 Lusch，2010)，人类社会经济价值由生态系统内的每个主体（受益人）所共同创建（Vargo 和 Lusch，2016）。服务科学以服务系统为核心，研究在服务体系中企业和服务体系间的关系，即服务价值共创的关系由企业与顾客之间的交互演化为服务与系统之间的交互。

### 3. 特有因素与价值共创过程

用户体验视角的价值共创，强调在用户服务中用户通过和公司的相互作用而共同创造价值（Prahalad 和 Ramasvamy，2004），客户交互、个性感受也成为价值共创实现的特有因素。在价值共创活动中，消费者积极参与公司价值创新各阶段，公司创造服务机会，公司与消费者共同交互打造个性化服务，实现全方位价值共创活动。

## 三、价值共创的影响及影响因素研究

多重利益相关者的价值共创平台希望帮助企业建立积极的品牌意识，从而提升品牌业绩；品牌员工界面的价值共创行为是品牌塑造最本源的推动力，进而和其他界面的价值共创是品牌的基础业绩（张婧和邓卉，2013）。

不少专家就价值共创的相关因素以及作用效果展开了深入研究，情感体验价值与精神体验价值对消费者的价值共创具有积极作用，而服务价值在客户的交流与价值共创的过程中起到桥梁角色（申光龙等，2016）。成员自发的价值共创以及自觉的价值共创对组织的价值共创产生了正面的影响。自觉的价值共创在成员情感与影响力（沉浸感）对发起的价值共创影响中发挥部分（完全）中介作用（彭晓东和申光龙，2016）。

# 第七节 研究总评述

本章就研究中所包含的概念及其有关变量的理论问题做了研究总结。首先是理论基础，涉及数字创新理论、产业生态理论、数字经济理论、协同管理理论和价值共创理论。其次是研究设计的数字创新、私域流量、用户体验、协同管理和价值共创的理论研究。数字创新方面的研究，对其定义、自生长性和主要类型进行了梳理，并阐释了中国式的数字创新；私域流量方面的研究，从其内涵和运营模式角度对相关理论进行了概述；用户体验方面的研究，则是从概念、研究范围以及维度划分对文献进行了梳理；协同管理的研究由来已久，本章主要从其主要内容、思想基础、实质和特点介绍相关理论；对于价值共创，现有研究中较多地涉及了其形成路径及影响的分析，此外本章还对价值共创研究视角进行了比较分析。上述研究成果为本书的研究内容奠定了非常有利的理论指导，不过，目前的研究文献中还存在某些缺陷和问题，有待更深层次地探索与弥补。

**1. 理论基础有待丰富**

对于公司的转型研究，目前国内研究者们对协同管理理论的研究内容，大多聚焦在风险管理的定义、测度及其与市值共创之间的关联，主要研究样本为国内头部公司，而对于数字经营下公司转型的研究则相对欠缺；研究方式上主要采取了实证研究方式和案例研究方式，而定性研究方式则相对较少，也缺乏足够的理论依据。关于协同管理理论，目前的主要研究方向是对公司内部关系及公司与公司关系的研究，缺乏对数字创新、私域流量与协同管理相匹配的研究。

**2. 变量的相关研究有待丰富**

现有研究大多聚焦于风险的评价而非风险管理的度量,缺少风险管理的测度研究;研究侧重于探索协同管理的方式与路径,缺少对协同管理与价值共创关系的研究。现有研究大都分别分析价值与共创的概念,缺少价值共创的整体概念研究。此外,从现有研究来看,虽然学者们研究协同管理考虑了环境的影响,而针对企业内部战略和企业内外部风险对协同管理研究的影响未给予充分重视。因此,后续研究应考虑数字创新和私域流量对企业商业模式创新的影响。

通过上述文献和理论的梳理和分析,基本形成本书的理论预设:企业的数字创新与私域流量及价值共创存在显著相关的关系;协同管理在这一关系中充当中介作用,用户体验在整个作用机制中具有一定的调节作用。本书将借鉴和使用上述文献中由权威学者构建并被广泛接受的相关构念,以保证构念具有较高的内容效度。

# 第三章

## 探索性案例研究

基于对相关的现实和理论背景的梳理以及由此形成的预设，本书认为研究数据经济驱动下公司的价值共创具有一定的现实及理论意义。进一步地，创新性地将数字创新、私域流量、用户体验、协同管理和价值共创联系起来研究，基于此，本书选取了三家国内的头部公司进行探索性的案例研究，在上一章提出的预设指导下，展开相关的数据收集和分析，提出本书的初步假设，并构建数字创新、私域流量、用户体验、协同管理与价值共创关系的初步概念分析框架。

# 第一节　案例研究方法与步骤

本节主要介绍探索性案例研究中所用到的案例研究方法与案例研究步骤，包括部分学者对案例研究方法的看法，以及开展案例研究公认的四大步骤。

## 一、案例研究方法

案例研究法是一种实地调查的方法。研究者选取一个或若干现象作为目标，系统地收集信息与材料，展开广泛的调研，以探索某一现象在具体条件下的情况。可以在现象的具体条件界限不清楚又不易于识别，或是研究者没有提供正确、直接且有系统的研究方法的场合使用，以解决"如何改变""为什么变成这样"及"结果如何"的关系问题，如图 3-1 所示。

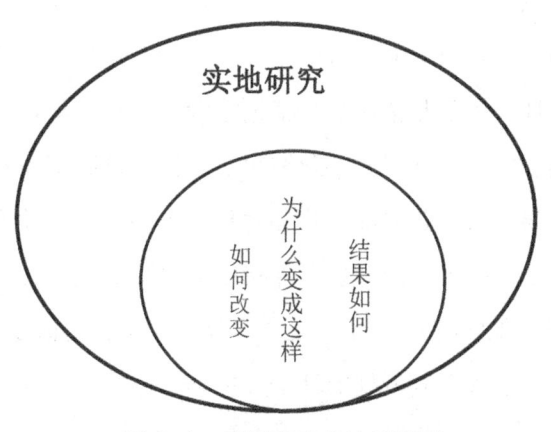

图 3-1　案例研究方法示意图

案例研究法首先需要研究者选择合适的案例，而后进行数据收集，在此之后再分析资料并撰写报告。

案例研究既可以采用定性材料，也可以采用定量材料，又或者定性材料和定量材料结合使用（Yin，1981）。案例分析方式有其弊端，但之所以被采用是因为在特定情形下它是一个比较恰当的手段，即强调了其应用性。有关专家认为，虽然个案研究方法是定性的，但定性的也是非理性、不正确的案例研究方法，只是一个初步的科学研究手段，是一种方法问题，并不能进行科学说明或者解释研究（陈春花和刘祯，2010）。每个实验方案都可能工作于三个目的：发现、表达和解释。既可以是探究式个案研究、描述式个案研究、阐释性个案研究，又可以是研究能力试验、描述式研究法试验、解释性试验。选择使用的研究工具并不仅在于等级上，而且还要根据不同方案的适应性（Yin，1981）。

### 二、案例研究步骤

案例研究法是实地研究的一种，可以解决"如何改变""为什么变成这样"及"结果如何"等环境研究的问题，同时涵盖了独特的设计工作逻辑、专门的资料收集以及特殊的资料分析方法。可以通过实际观测行为，也可以利用研究文件来收集资料。研究方法更多地倾向于定性的，在资料收集与数据分类上有独特性，主要是依靠多个证据来源，各种材料依据必然能在三角试验的方法下逐步收敛，并得出一致结果；研究常常有事先开发的理论命题或问题定义，以引导资料收集的方式和材料分类的重点，并注重当时事物的检视，不参与事物的操控，因此能够保持生活事物的完整性，并发现有意义的特征。相较于其他的方式，可以对事件做出更厚实的描述与全面的认识，对动态的相互作用事件及其所处的社会环境脉络进行了解，就可以达到一种比较全面和系统的认识。

1. 选择案例

案例研究中选择案例的原则通常与研究的目标以及研究中需要解决的课题密切相关，这就决定了什么样的属性能为案例研究提供有价值的信息。案例研究中可能使用几个项目，或者使用另外几个项目。单个案例分析既可以用来证明或挑战某个概念，也可以用来分析某个特殊的或更极端的事件。而多个案例分析的主要优势在于，其包含着两种分析阶段——个案内析和交叉个案分析。前者是将每一案件都当作独立的整体加以全面的描述，而后者则是在前者的基础上把全部的个案加以统一的抽象与概括，从而得到更精准的说明与更有力的阐述。

2. 收集数据

案例研究的主要数据来源分为六类：①文件。②档案记录。③访谈，最普遍的形式是开放式的访问，其次是焦点型的访问，即可以在短时期内采访某个回答者的方法，还有的是扩展至正式的问卷，限于更为结构化的提问。④直接考察，即学者实地探访个案研究的地点。⑤参加考察，此时学者并不作为一个被动的旁观者，而是实际上介入调查的事情当中。⑥实体的人造物，实体的或是文化的人造物是最后一个证据源。

3. 分析资料

资料研究包括检视、排序、列表，或者以其他方式整理资料，来寻找研究初始的命题。在研究资料以前，学者必须确立自己的研究策略，也就是必须预先知道要研究什么、以及为什么要研究。具体可采取的研究策略包括以下两种情形：其一，基于研究对象的问题。因为案例研究的开始很可能就以已定义的命题为依据，所以这些命题可能反映了一个研究概念、新的概念，或者资料回顾的结论。也因为材料的收集策略必须是基于问题而提出的，所以问题也可能就确定了相关研究策略的优先级。其二，对个案的叙述。必须建立一个叙述框架以进行个案研究。这种方法并不一定比理论命题的方法好，不过在理论问题并不存在时，是一个可能使用的替代方法。

**4. 撰写报告**

待访谈与分析过程结束后，便可以进行撰写报告的过程。撰写此类报告并没有统一的格式要求，但学界往往采用和案例研究过程有匹配度的格式，具体来说就是：背景描述，对特定问题、现状的说明与分析，分析与探讨，小结与建议。

# 第二节 研究设计

研究设计主要是依据 Eisenhardt（1989）和 Yin（2003）对案例研究的步骤展开。在研究中，本书首先确定相关的研究问题，提出理论预设。为进一步明确研究问题的必要性及可研究性，本书收集了大量相关文献，初步对数字经济背景下公司的价值共创有了整体认知，并进一步确定本书的理论预设。

数字经济影响了诸多行业与企业，可以说是现如今企业发展不可避免地会接触到的一种形势。与传统的经济模式相比，数字经济会给企业的价值共创带来什么样的影响？在此背景下，企业数字创新、私域流量会对企业价值共创产生什么影响？而协同管理又在其间能起到什么作用？本书试图通过探索性案例研究对这些关系进行大致梳理。基于文献研究和理论分析，本研究对主要变量之间可能存在的相互关系进行了预设。

实操中不存在绝对理想的案例数目，案例数量的多寡不必然决定案例研究的质量（Eisenhardt，1991）。具体到本研究来说，"过程研究的深度和复杂度往往会限制案例的数量"（Van de Ven 和 Poole，2005），因此过程研究的案例数量不宜过多。为此，本研究选取了 3 个案例来进行探索性案例研究。

## 一、案例选择

案例分析法对于案例文章的写作必不可少，这一方法不但广泛应用于论文写作，而且在教学、企业调研中也常常用到。案件分析法主要是利用发生在公司中的实际案件加以分析,找出产生问题的根本原因,优点在于不用经常性地往返于公司进行调查,能够节约大量的时间进行分析,并且典型、生动的案例可以让其他未能亲见企业的专家通过案例给予一定的指导意见,提升研究的权威性和科学性。

本书采用多案例研究,研究对象为受数字经济影响的标杆公司。所涉及的标杆公司涵盖国有、合资、民营等多种不同所有制,在企业规模上也覆盖了从拥有3万名员工的大型企业到数千人的中型企业以及500人左右的中小型企业。据此,本案例研究所选的3家企业样本综合了地域和规模等要素。

## 二、数据收集方法

本书中的探索性案例研究所采用的方法或工具包括深度访谈、文件调阅、直接观察以及媒体资料等,数据多源收集的目的在于使所收集到的数据更为全面和客观,便于对案例公司有相对全面的了解,且能避免受到主观视角的限制(Yin,2004)。在上述的主要收集渠道中,文件调阅是本研究的主要数据来源,这得益于样本企业的许多管理文件的起草和形成是在组织的领导下集体完成的,许多管理规范、流程制度等至今依然为企业所用。此外,在进行访谈数据收集时,需要与样本企业建立较高的互信关系,以提高收集信息的客观性和可靠性。

### 1. 事件分析法

本书在研究中收集了大量关于企业的资讯信息,并从年报中获取了大量案例企业的客观数据。具体地,本书在研究中以时间为主线,依次梳理出案例企业在每月中的项目经营,再对这些活动进行深入分析和分类编码。

### 2. 技术处理

针对年报等数据源可能存在选择性偏差的局限(King和Soule,2014),本研究针对性地采取了以下措施以降低偏差:一方面,本研究选取的公司年报出刊频率较高（一周出刊均在三次以上），有利于降低选择性偏差；另一方面，除了公司年报等之外，研究人员在编码的同时参考了访谈数据、各类文件档案记录、直接观察数据等多源数据，形成了三角检证。通过此种方法降低偏差早有先例，King 和 Soule 在 ASQ 上发表的研究就是通过上述方法成功降低了年报等数据源的偏差，保证了数据的质量（King 和 Soule，2014）。用不同的数据描述方法，例如度量数据水平既可以用平均数也可以用中位数描述，如果两种描述方法的结果差异不大，就可以理解为有利于降低选择性偏差。

### 三、数据分析方法

按照 Glaser 和 Strauss（1998）的观点，数据的收集和分析经常是重叠在一起的，而非彼此分立。本研究首先将所有的资料按照理论预设来分类编码，包括企业的基本信息、企业数字创新、私域流量、用户体验、协同管理、价值共创等主要构念，然后在这些构念之下进一步发展出变量维度，同时对它们进行更进一步的编码。依照 Eisenhardt（2007）的建议，本研究将理论构建分解成几个假设，然后利用案例资料和事实来逐个检验是否一致，作为接受或拒绝假设的标准，最后利用对各部分和假设之间的结构关系的描述刻画来构建理论框架。

# 第三节　样本企业介绍

由于大数据分析、人工智能等新型技术的发展，数字经济已经成为全球新的经济业态。在数字企业的发展中，5G 网络、物联网等各种基础设施的开发与运用带来的资本浪潮，推动了资金流转，增加了企业活力。随着生活质量的提升，人们对生活的方式与质量产生了更多的需求，数字经济的便捷可以极大地帮助到消费者，更多的新兴生活方式迅速出现，企业也获得了更大的成长空间与拓展机会。数字经济给企业经营和成长带来了保障，并使得企业管理更加智能化和现代化。综合案例选取的基本原则与方法，本书选取了三家处于不同行业的企业作为样本进行研究。三家企业均位于各自行业的领先地位，涉及社交电商、出版等领域。

## 一、企业 A

企业 A 是一个网络信息技术服务商，是将人工智能运用到移动网络领域中的高新技术公司之一，经营范围主要涉及开展网络信息文化交流业务、信息研发、技术发展、技术咨询服务、人员技术培训、计算机咨询服务、信息处理等。企业 A 的全球化布局始于 2015 年，在 2016 年创建了人工智能实验室，希望就人工智能及其相关行业的长期性与开放性问题进行探讨，并协助企业达成对未来战略发展的设想。公司自主开发的某客户端，利用大量数据收集、深层挖掘以及客户行为数据分析，向客户智能提供个性化资讯，由此创造出一个新型的资讯阅读方式。

**1. 数字创新**

公司早前开启了基础架构 2.0 的演进，基本特征就是从"跟随业务"向"源于业务而高于业务""源于业务而先于业务"的方向发展。

首先，从团队结构上，公司将在线的基础架构与离线的基础架构融合为一个团队。其次，在产品结构上，针对数据、运算和研发这三个基础架构的组成结构做出了一定的调整和提升。最后，在合作过程中，完善后的基础架构具有较为完备的长远计划、中期规划、短期目标管理机制，同时最大限度地把架构的内容共享给服务方——在一个客户迅速变更、组织模式迅速发展的组织中，加强信息共享、降低信息不对称对于增进信任、促进协同具有十分关键的作用。这种演进，使公司的基础架构可以有效地支撑客户迅速迭代，同时完成了构架的不断更新换代。

**2. 私域流量**

公司旗下有一款用户基数和变现规模层面均可谓现象级的短视频 APC，同样秉承了公司信息精准推荐的理念。对此，用户流量是一个重要因素，但还远远不够。变现效果也是确定各网络平台总收入大小的另一项关键因素，作用范围可能比与平台流量大小的差别还要更大，成为流量水平相仿的内容平台，公司旗下 APC 的变现效率是一些主流平台的 3~4 倍。公司的产品用户逐年增长，用户黏性较高。

在达人创意内容方面，公司的平台聚集了拥有"10 万 +"粉丝的各类达人，涵盖 60 多个垂直门类。2019 年 4 月，平台中粉丝量在 10 万~100 万的达人数便已达 6.5 万，粉丝量在 1 万~10 万的达人数达 59 万，这些垂直领域达人利用自身积累的社会关系，协助广告主和电子商务企业实现了更快速和更具有创造性的宣传与转化推广。

**3. 用户体验**

在智能定价算法方面，公司是国内最早推出"以转化为优化目标"的平台。公司的算法是从用户角度出发，力图实现内容的"按需推荐"。所以，公司的选择模式以客户喜好和行动为依据，选择系统以信息分析和客户标记为依据，从客户特点、情景特点、信息特点三种角度来加以研究，拟合出"客户对信息内容的满意度函数"，以达到客户与信息内容的精确匹配。其中，信息评估主要包含了文字分析、图像分析以及视频评估，文字分析一方面用来帮助建立客户的兴趣模型，另一方面则实现了文字标记和客户标记之间的匹配。在客户标签管理体系中，除去对客户自身人员数据、行动数据、兴趣数据等的注意以外，还使用了过滤噪声、热点惩罚、时间衰减、惩罚展现等方法，来控制用户标签的更新。

公司的算法是从内容创作者角度出发，试图提高内容的产出质量，在根源上保证优质的产出。因此，这一方法也反映了内容制作与内容发行两个方面。在内容产品方面，公司会针对自己的产品内容优势，制定具体的内容品质评价方法，得分更高的内容将得到更多的推广权重。

### 4. 协同管理

公司采用的管理手段是 OKR（Objectives and Key Results，即目标与关键成果）管理。从公司建立伊始，企业内部就引入了最大限度释放人员创造力的 OKR 管理工具，此管理并非彼管理，就如同企业内一位长期参与公司文化构建的主管提到的，比起将 OKR 视作管理，他认为视 OKR 为实现目标之前的工作方法更为妥当。这种工作方法旨在降低交流成本、提高合作能力、充分调动个人积极性，从而向社会团体目标迅速突进。

公司从一开始对工具的投入和应用，就给予了非同寻常的关注。以信息沟通与合作工具为例，它对资讯资源的创造、分配、流动与消费都不可或缺，也可以说是企业中最关键的一种工具平台，对促使资讯最大化透明、让更多元化的声音产生至关重要。因此各个公司都需要这样的工具平台。

公司为了找到最适合自己的工具，曾经多次尝试，他们用过 Skype、企业微信、Slack 和钉钉等，但由于公司在不断地发展，现有的工具平台无法满足其对于协作效率的要求，于是公司开始自主研发工具。工具的充分使用，也让公司保证了其信息的透明流通性。

### 5. 价值共创

公司曾经推出与某 APC 知识创作者的全方位服务方案，邀请知识创作者率先使用旗下 APC 的某些功能，帮助他们用旗下 APC 来整理自身的内容架构。与高校合作共同发布服务于知识视频制作的教育生产内容，并联合中国国家科学普及研究院共同推出了"WOW 科普短视频教育计划"，将推出涵盖上百个知识点的科技教育短视频体系化制作框架，为知识内容创作提供内容线索。今天，短视频正在高效推动知识的传递与传播，为我们掌握知识指明了一个难度更小、质量更高的方向，这既是合理的，又是有价值的。如果补助、流量倾斜、奖励等方法都属于平台公司运用自有资源进行的支持，那么广告、电商、活动、知识付费服务等则更多的是在精准有效连接内容生态中各主体的需要和资源，从而丰富商业协作模式、扩大品牌影响力，达成共赢。网络平台的主体角色已由出资者和规范制造者逐渐转化为桥梁和服务提供者。目前，内容产品的价值共创仍然面临着利润分配、合作方式等更深层次的问题。

为此，可以在创造者挖掘、保障机制优化、信息内容管控、合作方式革新等层面，提升信息内容产品价值共创的有效性。从创造者挖掘层面而言，必须针对性地做好垂直类信息内容生产商的挖掘和培育；从保障机制优化层面而言，需要通过扩大扶持力量与区域、设立激励机制和分配机制等，来充分调动信息内容创作者的价值共创意愿，从而提高信息内容品质与产出的连续性；从信息内部管控层面而言，则需通过分级管理形式，以维护内部的传播秩序；从合作方式革新层面而言，需建立内容产品价值共创的合作方式与规范、机制，以提高价值共创主体的协同创造效能。

## 二、企业 B

企业 B 于 2021 年在深交所挂牌。公司依托优秀的信息资源优势、丰富的策划设计经历和成熟的市场营销平台，进行创作、内涵、品牌价值和科技的整合，以书籍为主体为公众带来多种载体形式的文化产品。在图书选题规划方面，秉承"社会效益第一位"方针和"正向价值观"原理，坚信只有结合不同时期的主流，做有益于社会发展的事，才能持久地成就经济效益。在阅读体验方面，秉承"客户意识、完美主义、设计至上"的核心理念，为不同年龄的人们创作颜值上乘、有良好读者感受的商品。

### 1. 数字创新

公司是业界中人数最多的数字内容公司，行业范围包括了网络产品、电子书发行、有声书发行等，还拥有近 20 人的 IT 研发团队。

公司已注册多个数字化软件专利，与多个数字化平台进行合作。新媒介技术为书籍营销创造了全新的内容和途径，可以在第一时间实现更大范围内的书籍传播推广，并得到大量受众反馈，获得了良好的营销效果，也极大地提高了书籍整体周转和运营的速度，从根本上改变了传统出版企业的营销环境。

### 2. 私域流量

公司凭借图书策划与发行业务积累的 IP 资产和用户资源，逐渐拓展出 IP 衍生与运营业务。公司建立了微博、微信、抖音、知乎、豆瓣、快手、今日头条等平台新媒体矩阵，拥有各类不同的粉丝群体，其中微博账号拥有 2100 多万粉丝，抖音拥有 1700 多万粉丝，微信公众号拥有 320 多万粉丝。据悉，公司在其新媒体矩阵累积了 5500 万私域流量。在公司的私域矩阵中，约有 25% 是帮助作家运营的相关账号。

### 3. 用户体验

公司的公众账号会定期推出一系列线上活动，形式多样的线上线下互动可以和用户形成更广泛的情感接触。比如，由公司举办的线上共享项目"大咖群聊会"，在数个微信群里同时进行，嘉宾们就各自不同的话题，和大众粉丝展开问答互动。用户经常能够在公司的产品上获得美的感受，拥有良好的视觉体验和阅读体验。

### 4. 协同管理

为促进内部协同，公司要求账号主编旁听选题会、产品研讨会，并与技术总监与市场经理展开交流，全面掌握图书信息与亮点，同时在新媒体团队里每天都要举办选题研讨会，并赋予编辑足够的自主性，不设计一定标准的脚本文案，而是根据选题风格灵活变化。公司将新媒体部门归于互联网事业部，当作一个独立运营的部门，与营销宣传、发行都是区分开的。从最初运营微博和微信公众号时的两个人，到现在覆盖全网几乎所有平台的18人团队，虽然与中大型MCN机构相比，在运营预算、人员配置方面还存在较大不足，但公司对于新媒体部的种种支持，尤其是对于互联网运营逻辑的认可，在很多出版机构里已经是比较难得的。公司对新媒体矩阵有着完整的布局和设想，并在一步步的规划下逐步实现。

### 5. 价值共创

公司的产品从生产到销售涉及多方主体，其价值共创过程也涉及多方主体。作为出版行业的领先企业，公司与多位知名作者及出版公司形成持续稳定的合作关系，资源丰富。依托于自身作者资源及版权储备，公司还选择优质合作伙伴进行电影项目的适度投资。

## 三、企业C

企业C成立于2015年9月，2018年在美国上市，其主要的运营方式是消费者通过组织与亲友、亲属、邻里之间的拼团，实现以较低廉的价钱选购优质产品。

企业 C 以独创的社区拼团服务为核心盈利模式，秉持"好货不贵"的经营理念，通过百亿补贴、农货上行、产品好货等营销方式，给用户带来价格优惠的大牌货品、农产品以及企业品牌商品等。其中，公司独创发起的"百亿计划"创造了中国国内电子商务企业的规模与持续时长的新纪录。

企业 C 的发展起源于农产品电商拼好货，现在已经成为我国最大的农产品上行平台。企业将新的电子商务方式和精准扶贫紧密联系，为促进农业发展上行奠定了有效途径。产品的拼购方式可以快速裂变与聚合消费群体，进行大批量、多对多搭配，让农产品快速地从田里运到用户手里，将我国农村产品的市场离散性的劣势转化为优势。

企业 C 通过开放免费渠道，大大减轻厂商的推广投入，平台的资金也不断地向有志于建立自己产品的厂商倾斜，助其发展升级。

创立至今，企业平台已催生近千家工厂品牌，并通过 C2M（Customer to Manufacturer，即用户直连制造）模式持续推动多个产业集群的供给侧改革。上市之后，企业 C 正致力于引领平台入驻品牌走向国际。

**1. 数字创新**

随着数字科技的不断发展，特别是其对于零售行业上下游的改造逐渐变得深化，我们将会看到的是，零售行业的功能和作用将会发生一场深度而又彻底的改变。从根本上来看，零售行业将不再承担商品销售的功能，而是更多地承担信息流和数据流的功能。借助这样一种全新的功能，零售行业将不再是现在这样一种看得见、摸得着的独立状态，而是变成了一个虚拟和实体相结合、贯穿于整个产业上下游的无处不在的存在。

公司所处的电商平台正在扮演的、正在探索的、正在实践的，正是这样一种全新的功能。当这样一种全新的功能不断成熟的时候，零售行业将不再像我们现在所看到的那样仅仅是销售商品的角色，而是成为一种新型的基础设施。

公司是新电子商务先行者，一直致力于把娱乐社区的特色渗透到新电子

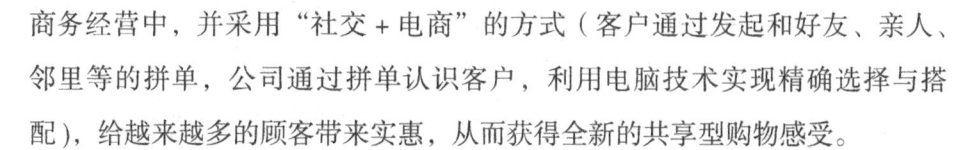

商务经营中，并采用"社交＋电商"的方式（客户通过发起和好友、亲人、邻里等的拼单，公司通过拼单认识客户，利用电脑技术实现精确选择与搭配），给越来越多的顾客带来实惠，从而获得全新的共享型购物感受。

### 2. 私域流量

公司能够发展如此迅速的原因，在于抓住了社交电商的核心——流量。公司最初利用广告获取了初始用户，再根据各种活动设定，用户会将链接发送给微信好友，形成病毒式裂变。这种"用户带用户"的模式为公司节省了很多获客成本。公司较为成功之处是其社交营销，所谓社交营销就是消费者利用社会化的方法在线上把品牌介绍给周围的亲朋好友，其营销重点就是发掘了用户本身的私域流量，把私域流量聚集成为品牌的公域流量，然后再转而反哺消费者。

### 3. 用户体验

公司的主体用户群偏好价格低廉，公司通过C2M模式降低价格，为用户提供符合其需求的产品来满足用户的基本性需求，在此基础之上，推出的分享、拼团、砍价等功能又满足了用户的期望性需求。通过和陌生人拼单或者邀请亲朋好友拼单，实现低价购买产品，满足用户的低价需求，与此同时，拼单带来的邀请、分享也可以快速拉新。

### 4. 协同管理

员工的迅速扩充、行业的迅速成长以及外部环境的急剧变动，都在敦促企业进一步迭代提升自身的经营团队与企业管理结构。在对端管云初步了解的基础上，公司管理层开始探讨如何利用端管云协同共创价值。此外，公司内部对协同管理的要求水平随着公司的发展不断提升。在高速发展的数字经济时代，公司注重内部协同管理，并不断提升以匹配其发展速度，为公司下一步发展奠定基础。

### 5. 价值共创

在消费端，公司提倡"便宜有好货"的理念，这顺应了新经济时代人们回归简洁生活方式的发展趋势。在制造端，借助拼购这一方式去库存量以及公司客户多、短期内爆发的特点，一方面快速提升制造企业的生产能力，另一方面助力制造企业凭借"现象级"的爆款获取消费者信心，进而有利于企业建立优质品牌。公司通过给厂家提供免费流量来大幅减少推广成本，通过倾斜优势帮助有志于建立自己知名度的厂家进行改造提升，"拼工厂"和"拼农货"实现"便宜有好货"的同时，也聚集了很多利益相关者。可以认为，价值共创模式是公司在国内和中小企业一起发展的奥秘所在。

## 第四节　资料分析与编码

遵循扎根范式的严格步骤，在获取资料之后，该方法步入实质性的过程。为了进一步提高信息处理质量，在编码中的任务主要是利用 XMind 软件进行编码整理，提炼核心概念和核心范畴。本研究的核心概念为"在数字经济驱动下企业的价值共创"。首先进行开放性编码，在该阶段，得到 245 个编码支持，抽象出 4 个能解释"在数字经济驱动下企业的价值共创"的核心范畴；其次是选择性编码，在该阶段，对 4 个核心范畴多次抽象定义、比较，并增补相应数据资料使之完全饱和；最后，4 个核心范畴得到 4 层 254 个编码，达到饱和程度。

本书中的核心范畴以及支持编码，如表 3-1 所示。

表 3-1　核心范畴及编码

| 核心范畴 | 开放性编码（层级） | 选择性编码（层级） |
| --- | --- | --- |
| 数字创新 | 68（3） | 66（4） |
| 私域流量 | 82（3） | 87（4） |
| 用户体验 | 45（3） | 48（4） |
| 协同管理 | 50（3） | 53（4） |

### 一、数字创新

数字技术已经成为产业自主研发的重要基础与保证。2020 年，我国数字经济以数字创新带动数字工业高速成长，以产业与方法的技术创新赋能传统工业数字化改造，并成为对冲疫情、平抑风险的经济"压舱石"。在形成中国未来数字经济社会发展新引擎、推动全球网络产业蓬勃发展的预期下，中国网络经济就必须从数字创新开始，升级成实实在在的数字经济社会。也因此，我国政府与民间企业必须在技术领域进行积极互动。数字经济社会与数字创新的发展方向一致，即打穿网络天花板。打穿网络企业发展的天花板，营造产业发展创新空间，是创业者们必须着重思考的问题。这主要体现为寻求新的技术形态，以及寻求新的产业需求。比如，中国乡村地区是网络消费者端的主要来源。根据中国城市化的发展需要及农村扶贫需要，政府引导传统网络公司积极开拓乡村、乡镇市场，以发展更多元、多层次的场景。另外，由于我国政府一直都在推动工业网络建设、智能城镇化建设，以推动国内的网络产业有效生长，并引导传统网络公司技术能力转移，以拓展 To B/G（B 为企业客户、G 为政府客户）端的网络服务发展，所以非关键基础设施领域的政府技术购买也会变成一种可能。这也使得相关企业得以深耕数字创新的土壤逐步发展。本研究中数字创新的部分数据，如表 3-2 所示。

表 3-2　数字创新部分数据

| 数据 | 编码 |
| --- | --- |
| 企业 A：从产品运营来看，公司的研发产品基本上都是以用户为基础的新媒体产品，新媒体之所以流行，最重要的原因就在于它改变了传统媒体较为单一的信息传播方式，具备了信息展示方式多样性、资源共享性、强互动性等特点。随着市场竞争加剧，只有线上渠道显然不能满足公司拓展市场的需要，因此，从线上到线下、从国内到国外，公司的运营渠道不断开拓，地铁、公交、候机室等线下屏幕都能看到其产品的身影，实现了强大的全网传播矩阵…… | 公司的创新考虑用户<br>公司产品运营以新媒体产品为主<br>新媒体产品具备多样性、资源共享性和强互动性的特点<br>公司不断开拓新的运营渠道<br>公司传播矩阵强大 |

续表

| 数据 | 编码 |
|---|---|
| 企业 B：公司有自己的 IT 研发团队，有抓取数据的专业队伍，可以抓取不同类别的图书、同一个作者的不同图书、在不同渠道的销售量以及销售曲线。在公司里没有数据是行不通的，任何一本书都有数据。公司遵循"金字塔原则"来确定图书的一些细节，比如书名、文案、一本书的一句话介绍，这些素材如果提炼不好，选题也很难通过…… | 公司自有研发团队<br>公司的运营基于数据运作<br>公司重视图书装帧制作<br>公司新媒体研发投入大<br>公司遵循"金字塔原则"确定书的销售 |
| 企业 C：从某种意义上来讲，电商时代极大地驱动了这样一种自上而下的运行逻辑的发展，并且极大地提升了这样一种自上而下的运行逻辑的效率，而公司就是在提升零售行业的运行效率上取得了突破和创新。一些知名的电商平台之所以获得如此大的成功，其中一个很重要的原因在于，它们将原本以线下为主体的场景转移到了线上，并真正成为线上场景的中心。可以说，在互联网时代，零售行业的载体真正从线下转移到了线上，并成就了像企业 C 这样的电商平台的大中心…… | 公司利用技术改造从产业端到消费端流动的运行逻辑<br>公司与众多电商平台一同将零售行业的载体从线下转移到了线上 |

通过对数据进行编码，得出数字创新可从数字技术、创新产出和创新过程等方面解释。

数字创新以数字技术为根本，体现在相应的创新应用上，企业的创新规模决定了数字创新的范围以及创新应用的作用能有多大。

创新产出用于衡量企业数字创新能力为企业带来的产出效益。技术创新管理中常用的技术创新产出，诸如产业技术创新、生产过程创新、社会组织技术创新以及商业模式技术创新等，都包括在数字技术创新的产出中。

创新过程具体指数字创新过程。数字创新过程和一般创新过程的关键区别在于，它强调创新过程中对数字技术的应用。

开放性编码中涌现的核心范畴"数字创新"得到 3 层共计 68 个编码支持，如图 3-2 所示。

开放性编码后进入选择性编码过程，对核心范畴"数字创新"的支持数据进一步抽象对比，最后得到 4 层共计 66 个编码的支持并实现了饱和，如图 3-3 所示。

# 价值共创
## 数字创新、私域流量与用户体验

**数字创新**
- **产品研发与生产**
  - 公司产品运营以新媒体产品为主
  - 新媒体产品具备多样性、资源共享性和强互动性的特点
  - 公司急速扩张业务版图，具有庞大的内容产品矩阵
  - 公司的基础架构是支撑公司所有产品线的共同底座
  - 公司能提供多项产品及行业解决方案
  - 公司重视图书装帧制作
  - 公司能精准分析产品数据
  - 公司在农（副）产品领域表现突出
  - 公司的技术可以有效实现农产品流通降本增效
  - 公司以"用数据驱动"作为理念
  - 公司新媒体研发投入大
  - 公司重视图书装帧制作
  - 公司在影视、新媒体、数字出版等领域有所涉及
  - 公司的技术可以有效实现农产品流通降本增效
  - 公司勇于尝试开发 App 和小程序，打造选题研发系统
  - 公司加速数字农业前沿技术在中国的落地应用
  - 公司利用技术改造从产业端到消费端流动的运行逻辑
  - 新媒体有助于扩大产品宣传推广的规模
  - 公司的基础架构能够支撑业务快速迭代与体系结构持续升级换代
  - 公司能提供多项产品及行业解决方案
- **创新以业务为基础**
  - 公司业务模型的多元决定了其应具备更为复杂的系统产品矩阵
  - 系统要与业务的迭代与发展相匹配
  - 公司一切以业务为主
  - 公司的数据和算法赋能媒体业务内容和营销
  - 由数据中台实现深度服务业务的目标
  - 公司的运营基于数据运作
- **创新驱动**
  - 公司的核心竞争力以数据算法为主
  - 公司的算法平台所提供的技术是公司产品内核
  - 技术是公司进行营销的重点
  - 公司通过技术创新体系整合"云端"农业
  - 数字科技深度影响和改变零售行业
  - 数据和算法可以为公司业务赋能
  - 公司拥有多个数字化软件专利，并与多个数字化平台进行合作
  - 公司通过机器算法进行精准推荐与匹配
- **流程创新**
  - 公司传播矩阵强大
  - 公司需要同时保证系统稳定和降低系统成本
  - 公司整合基础架构
  - 公司发挥商业化营销服务品牌整合多项产品的营销能力，联合众多流量、数据和内容方面的合作机会，主打为全球广告主提供综合的数字营销服务
- **组织创新**
  - 公司不断开拓新的运营渠道
  - 最大限度同步架构信息给业务方
- **商业模式创新**
  - 公司业务中台设立完善部门
  - 公司致力于转变成"TOC"和"TOB"相结合的新型商业模式
  - 公司早年在国家级贫困县和深度贫困地区引入农产品电商上行通路和现代企业管理模式，构建产业链条
- **创新过程**
  - 公司致力于转变成"TOC"和"TOB"相结合的新型商业模式
  - 公司早年在国家级贫困县和深度贫困地区引入农产品电商上行通路和现代企业管理模式，构建产业链条
  - 公司的创新考虑用户
  - 公司有创新专款
  - 公司将娱乐社交元素融入电商运营
  - 公司发展重视内容监管和治理
  - 公司重视创新绩效
- **创新产出**
  - 公司希望通过大数据、人工智能等技术服务企业级客户
  - 公司的建设发展围绕数据进行
  - 公司拥有多个数字化软件专利，并与多个数字化平台进行合作
  - 优化后的基础架构具备长期规划、中期目标和短期执行管理机制
  - 公司的基础架构能够支撑业务快速迭代与体系结构持续升级换代
  - 公司已经能对外输出中台能力
  - 公司打造了一个大规模的新媒体矩阵
- **创新资本**
  - 公司自有研发团队
  - 公司拥有行业内人数最多的数字内容团队

图 3-2　核心范畴"数字创新"开放性编码

090

# 第三章　探索性案例研究

```
数字创新
├── 数字技术
│   ├── 技术创新
│   │   ├── 公司的核心竞争力以数据算法为主
│   │   ├── 公司的算法平台所提供的技术是公司产品内核
│   │   ├── 公司希望通过大数据、人工智能等技术服务企业级客户
│   │   ├── 公司的数据和算法赋能媒体业务内容和营销
│   │   ├── 技术是公司进行营销的重点
│   │   ├── 公司勇于尝试开发 App 和小程序，打造选题研发系统
│   │   ├── 公司加速数字农业前沿技术在中国的落地应用
│   │   ├── 公司通过技术创新体系整合"云端"农业
│   │   ├── 数字科技深度影响和改变零售行业
│   │   ├── 公司利用技术改造从产业端到消费端流动的运行逻辑
│   │   └── 公司的建设发展围绕数据进行
│   ├── 创新应用
│   │   ├── 数据和算法可以为公司业务赋能
│   │   ├── 公司拥有多个数字化软件专利，并与多个数字化平台进行合作
│   │   ├── 新媒体有助于扩大产品宣传推广的规模
│   │   ├── 公司重视对数字农业生产端的投入和探索
│   │   ├── 公司通过机器算法进行精准推荐与匹配
│   │   ├── 由数据中台实现深度服务业务的目标
│   │   └── 公司以"用数据驱动"作为理念
│   └── 创新规模
│       ├── 公司自有研发团队
│       ├── 公司新媒体研发投入大
│       ├── 公司拥有行业内人数最多的数字内容团队
│       └── 公司的运营基于数据运作
├── 创新产出
│   ├── 产品创新
│   │   ├── 公司产品运营以新媒体产品为主
│   │   ├── 新媒体产品具备多样性、资源共享性和强互动性的特点
│   │   ├── 公司急速扩张业务版图，具有庞大的内容产品矩阵
│   │   ├── 公司业务模型的多元决定了其应具备更为复杂的系统产品矩阵
│   │   ├── 系统要与业务的迭代与发展相匹配
│   │   ├── 公司一切以业务为主
│   │   ├── 公司的基础架构是支撑公司所有产品线的共同底座
│   │   ├── 公司优化并升级基础架构的组成体系
│   │   ├── 优化后的基础架构具备长期规划、中期目标和短期执行管理机制
│   │   ├── 公司的基础架构能够支撑业务快速迭代与体系结构持续升级换代
│   │   ├── 公司已经能对外输出中台能力
│   │   ├── 公司能提供多项产品及行业解决方案
│   │   ├── 公司重视图书装帧制作
│   │   ├── 公司在影视、新媒体、数字出版等领域有所涉及
│   │   ├── 公司打造了一个大规模的新媒体矩阵
│   │   ├── 公司能精准分析产品数据
│   │   ├── 公司在农（副）产品领域表现突出
│   │   ├── 公司的技术可以有效实现农产品流通降本增效
│   │   └── 公司传播矩阵强大
│   ├── 流程创新
│   │   ├── 公司需要同时保证系统稳定和降低系统成本
│   │   ├── 公司整合基础架构
│   │   └── 公司发挥商业化营销服务品牌整合多项产品的营销能力，联合众多流量、数据和内容方面的合作机会，主打为全球广告主提供综合的数字营销服务
│   ├── 组织创新
│   │   ├── 公司不断开拓新的运营渠道
│   │   ├── 最大限度同步架构信息给业务方
│   │   └── 公司业务中台设立完善部门
│   └── 商业模式创新
│       ├── 公司致力于转变成"TOC"和"TOB"相结合的新型商业模式
│       └── 公司早年在国家级贫困县和深度贫困地区引入农产品电商上行通路和现代企业管理模式，构建产业链条
└── 创新过程
    ├── 创新要素
    │   ├── 公司的创新考虑用户
    │   └── 公司有创新专款
    └── 创新保障
        ├── 公司将娱乐社交元素融入电商运营
        ├── 公司发展重视内容监管和治理
        └── 公司重视创新绩效
```

**图 3-3　核心范畴"数字创新"选择性编码**

## 二、私域流量

随着数字经济规模的日益庞大和移动互联网的广泛普及，布局线上经营正在成为企业增长的关键一环。如今，在企业数智化转型的发展趋势下，企业在营销投放上更加精细，更加关注已有渠道和客群的价值，重视"内容沉淀"和"KOL（关键意见领袖）复投"，营销重心向私域、向用户价值深耕转移。疫情加速了商业线上化的趋势，私域流量的价值逐渐凸显。私域的资源开发，通过对公私利益领域的打通，可以助力创作者和经营者完成一小部分的资源高效变现和循环，确定性的私域流量让经营者更具转化力，独特的私域信任关系能助力经营者低成本触达目标客群、高效转化、稳健长效经营。

从对受访企业的了解来看，私域流量在企业的价值共创过程中起着十分重要的作用。从私域流量的搭建，到私域流量的作用真正在企业的发展中体现出来，再到私域流量为企业带来切实利益，在这一过程中，私域流量为企业的价值共创打下了很好的基础，而且最重要的是为企业留住了一批客户群，使得价值共创的主体更完善。因此，本书将影响企业价值共创的因素之一概括为私域流量，相关数据如表 3-3 所示。

表 3-3　私域流量部分数据

| 数据 | 编码 |
| --- | --- |
| 企业 A：公司以信息流广告收入为主，在长期运营中积累了大量高黏性用户，聚集的庞大流量给公司带来更多变现的可能性。公司在广告流量领域已做得非常出色，依靠旗下 APC 庞大的用户流量牢牢占据了广告主的地位，可以说触及了天花板，发展空间有限，因此亟须发展新产业来增值。公司在流量变现这块可谓是煞费苦心，多次试水运营。公司利用旗下视频软件庞大的用户群体，大力发展电商业务，打算吃流量红利，将流量转化为真金白银的电商零售销量。为了持续不断地获得流量，需要不断拓展自身的业务边界，不断丰富业务类型，以便于将更多的公域流量纳入自己的生态体系当中…… | 公司具有高黏性用户<br>公司在广告流量领域表现出色<br>公司需要发展新产业来增值<br>公司重视流量变现<br>公司利用旗下视频软件庞大的用户群体，大力发展电商业务 |

续表

| 数据 | 编码 |
| --- | --- |
| 企业 B：公司打造了一个大规模的新媒体矩阵，涉及微博、微信、长短视频、直播、小程序、APC 等所有新媒体形式，制造流量、制造亮点，使图书在销量上大幅度增加。公司凭借图书策划与发行业务积累的 IP 资产和用户资源逐渐拓展出 IP 衍生与运营业务。公司建立了微博、微信、抖音、知乎、豆瓣、快手、今日头条等平台新媒体矩阵，拥有各类不同的粉丝群体，其中，微博账号拥有 2100 多万粉丝，抖音拥有 1700 多万粉丝，微信公众号拥有 320 多万粉丝…… | 将公域流量纳入自身生态系统，形成私域流量池<br>公司需不断拓展业务边界及丰富业务类型以发展流量<br>公司拥有各类新媒体账号<br>公司拥有不同类型的粉丝群体<br>公司各新媒体账号拥有大量粉丝 |
| 企业 C：公司的社交电商平台借助私域流量快速成长，已成功上市；通过社交生态，搭建私域流量的 SaaS 服务商也成功登陆港交所。同时，公司看到了导流的深层次危害，浅显来说，导流直接损害了平台站外花费的大量金钱和精力，还容易发生低价买卖、售卖高仿货、刷单返利等出格的事情。对于公司的私域流量，从前的认知是收藏商品、店铺或者老顾客，但是随着渠道权重的变化，私域流量已经到了不得不摆在台面迫切重视的地步。举最浅显的例子来说，老店和新店同时推一款产品，老店推广节奏和自然流量比新店要好很多，回看一些标品的类目排行榜，价格未必是最低的，但是流量永远是最多的，其实就是私域流量在作祟，新店不是输在供应端和运营手法，而是输在起跑线上…… | 公司借助私域流量实现快速成长，成功上市<br>私域流量对公司发展有深度影响<br>私域流量影响旗下商家产品销售 |

在访谈结果的基础上，本书对数字经济驱动下企业的价值共创能力进行开放性编码。经过对开放性编码的归纳提炼，涌现出一个核心范畴"私域流量"，得到 3 层 82 个编码支持，如图 3-4 所示。

由此，核心范畴"私域流量"由开放性编码阶段进入选择性编码阶段，最后得到 4 层共计 87 个编码的支持并实现了饱和，如图 3-5 所示。

# 价值共创
## 数字创新、私域流量与用户体验

```
                              ┌─ 流量通过电商变现
                              ├─ 公司在广告流量领域表现出色
                              ├─ 公司重视流量变现
                              ├─ 公司多次试水运营从而进行流量变现
                   流量收益 ──┤  私域流量池可以抵御外来竞争者
                              ├─ 公司的广告精准推送能力及其庞大的销售团队将广告变现潜力发挥到了极致
                              ├─ 公司的广告收入可观
                              ├─ 小程序平台助力公司交易端变现
                              └─ 公司能利用流量创造比同类视频社交平台更多的广告收入

                              ┌─ 公司的变现效率高
                              ├─ 公司的扩张压缩了其他竞品的流量
                              ├─ 公司的私域流量储备帮助其提高市场占有率和收入
                              ├─ 庞大的用户规模为公司带去广告收入
                   私域      ├─ 私域流量的反馈使公司产品能够做对、做精准
                   流量的形成┤  公司借助私域流量实现快速成长,成功上市
                              ├─ 私域流量对公司发展有深度影响
                              ├─ 私域流量影响旗下商家的产品销售
                              ├─ 公司利用旗下视频软件庞大的用户群体,大力发展电商业务
                              └─ 将公域流量纳入自身生态系统,形成私域流量池

                              ┌─ 公司需不断拓展业务边界及丰富业务类型以发展流量
                              ├─ 公司具有高黏性用户
                   私域      ├─ 公司产品用户基数和时长呈现迅速扩张趋势
                   流量表现──┤  公司拥有可观的私域流量
                              ├─ 公司旧书新售效果良好
                              ├─ 公司拥有各类新媒体账号
                              ├─ 公司拥有不同类型的粉丝群体
                              ├─ 公司各新媒体账号拥有大量粉丝
                              └─ 公司有部分属于各地作家团队原本所在部门的账号

                   流量       ┌─ 流量获取存在困境和难题
   私域流量─── 获取困难──┤  传统方式不再适用于拓展流量
                              └─ 流量大环境发生深刻改变

                              ┌─ 公司为构筑自身私域流量进行了组织架构调整
                              ├─ 公司通过每一个开发的 App 拓展自身的流量边界
                              ├─ 公司能做到根据需求精准分发内容
                              ├─ 公司重视转化单价和变现效率
                              ├─ 公司的 App 秉承信息精准推荐理念
                              ├─ 公司擅长数据挖掘
                              ├─ 公司有海量的数据标签
                              ├─ 公司数据丰富
                              ├─ 公司拥有成熟的智能定价算法
                              ├─ 公司产品展示设计迎合用户需求
                              ├─ 公司具备成熟的数据算法体系
                              ├─ 公司可利用精准推荐能力及提升用户的内容观看体验和广告点击转化来提高广告单价
                              ├─ 公司旗下短视频平台拥有丰富的创意类别
                              ├─ 公司在广告主和电商商家之间起转化宣传作用
                              ├─ 公司产品占据广大网民越来越多的时间
                              ├─ 公司具备强大的广告销售团队
                   私域      ├─ 为保护流量,公司推出政策规范达人账号以防破坏整体内容生态
                   流量的扩流┤  公司打造大规模新媒体矩阵
                              ├─ 公司会通过线上线下活动建立与读者之间的联系
                              ├─ 名人宣讲可以增强粉丝对公司品牌的好感度
                              ├─ 公司孵化短视频账号有助于积累私域流量
                              ├─ 短视频有助于加强出版物和读者之间的联系
                              ├─ 公司运营账号有专门策划
                              ├─ 新媒体矩阵使得公司拥有可观的私域流量
                              ├─ 公司拥有会不断更新的、强大的内容数据库
                              ├─ 公司基于互联网产品矩阵连接用户而产生与联网业务
                              ├─ 公司互联网产品矩阵拥有较大基数的用户规模
                              ├─ 公司加大数字农业生产端的投入和探索
                              ├─ 公司通过举办比赛加速数字农业前沿技术在中国的落地应用
                              ├─ 公司举办的数字比赛助权威人士担任评委
                              ├─ 公司为现代农业的数字化做出了一定的贡献
                              ├─ 公司通过在贫困地区引入农产品电商上行通路和现代企业管理模式,建立产业链条,助力特色农产品上行
                              ├─ 公司有效实现农产品流通降本增效
                              ├─ 公司针对私域流量有运营措施
                              ├─ 公司通过优化有限资源提升客户体验以保持私域流量
                              ├─ 公司通过做品牌溢价来增加客户数和提升客户回购率
                              ├─ 公司致力于潜客运营
                              ├─ 公司在一开始就抓住了流量
                              ├─ 公司开发"用户带用户"的模式发展私域流量
                              └─ 公司的营销模式是利用私域吸引流量

                              ┌─ 利用短视频进行出版物网络营销有利于表现产品
                   流量      ├─ 短视频平台扩大营销覆盖面
                   营销 ────┤  公司以微信营销为主要营销手段之一
                              ├─ 微信营销可以为公司带去良好的社会效益和经济效益
                              └─ 公司根据自身特色和优势制定微信营销策略
```

图 3-4 核心范畴"私域流量"开放性编码

# 第三章 探索性案例研究

```
私域流量
├─ 私域搭建
│  ├─ 私域创收
│  │  ├─ 流量变现
│  │  │  ├─ 流量通过电商变现
│  │  │  ├─ 公司重视流量变现
│  │  │  ├─ 公司多次试水运营从而进行流量变现
│  │  │  ├─ 小程序平台助力公司交易端变现
│  │  │  ├─ 公司能利用流量创造比同类视频社交平台更多的广告收入
│  │  │  ├─ 公司的变现效率高
│  │  │  ├─ 庞大的用户规模为公司带去广告收入
│  │  │  ├─ 公司的广告精准推送能力及其庞大的销售团队将变现潜力发挥到了极致
│  │  │  ├─ 公司在广告流量领域表现出色
│  │  │  └─ 公司的广告收入可观
│  │  ├─ 同行优势
│  │  │  ├─ 私域流量池可以抵御外来竞争者
│  │  │  ├─ 公司能利用流量创造比同类视频社交平台更多的广告收入
│  │  │  └─ 私域流量的反馈使公司产品能够做对、做精准
│  │  └─ 长久发展
│  │     ├─ 公司借助私域流量实现快速成长,成功上市
│  │     ├─ 私域流量对公司发展有深度影响
│  │     ├─ 私域流量影响旗下商家的产品销售
│  │     └─ 公司的私域流量储备帮助其提高市场占有率和收入
│  ├─ 私域形成
│  │  ├─ 公司利用旗下视频软件庞大的用户群体,大力发展电商业务
│  │  ├─ 将公域流量纳入自身生态系统,形成私域流量池
│  │  ├─ 公司需不断拓展业务边界及丰富业务类型以发展流量
│  │  ├─ 公司为构筑自身私域流量进行了组织架构调整
│  │  ├─ 公司通过每一个开发的App拓展自身的流量边界
│  │  ├─ 公司产品展示设计迎合用户需求
│  │  ├─ 公司开发"用户带用户"的模式发展私域流量
│  │  ├─ 公司能做到根据需求精准分发内容
│  │  ├─ 公司重视转化单价和变现效率
│  │  ├─ 公司的App秉承信息精准推荐理念
│  │  ├─ 公司数据丰富
│  │  ├─ 公司可利用精准推荐能力及提升用户内容观看体验和广告点击转化来提高广告单价
│  │  ├─ 公司旗下短视频平台拥有丰富的创意类别
│  │  ├─ 公司在广告主和电商商家之间起转化宣传作用
│  │  └─ 公司产品占据广大网民越来越多的时间
│  ├─ 私域维护
│  │  ├─ 公司具备强大的广告销售团队
│  │  ├─ 为保护流量,公司推出政策规范达人账号以防破坏整体内容生态
│  │  ├─ 公司打造大规模新媒体矩阵
│  │  ├─ 公司会通过线上线下活动建立与读者之间的联系
│  │  ├─ 名人宣讲可以增强粉丝对公司品牌的好感度
│  │  ├─ 公司孵化短视频账号有助于积累私域流量
│  │  ├─ 短视频有助于加强出版物和读者之间的联系
│  │  ├─ 公司运营账号有专门策划
│  │  ├─ 新媒体矩阵使得公司拥有可观的私域流量
│  │  ├─ 公司拥有会不断更新的、强大的内容数据库
│  │  ├─ 公司基于互联网产品矩阵连接用户而产生互联网业务
│  │  ├─ 公司互联网产品矩阵拥有较大基数的用户规模
│  │  ├─ 公司加大数字农业生产端的投入和探索
│  │  ├─ 公司通过举办比赛加速数字农业前沿技术在中国的落地应用
│  │  ├─ 公司举办的数字比赛由权威人士担任评委
│  │  ├─ 公司为现代农业的数字化做出了一定的贡献
│  │  ├─ 公司通过在贫困地区引入农产品电商上行通路和现代企业管理模式,建立产业链条,助力特色农产品上行
│  │  ├─ 公司有效实现农产品流通降本增效
│  │  ├─ 公司针对私域流量有运营措施
│  │  ├─ 公司通过优化有限资源提升客户体验以保持私域流量
│  │  ├─ 公司通过做品牌溢价来增加客户数和提升客户回购率
│  │  ├─ 公司致力于潜客运营
│  │  ├─ 公司在一开始就抓住了流量
│  │  └─ 公司的营销模式是利用流量吸引流量
│  └─ 私域流量保障
│     ├─ 公司擅长数据挖掘
│     ├─ 公司有海量的数据标签
│     ├─ 公司拥有成熟的智能定价算法
│     ├─ 公司具备成熟的数据算法体系
│     ├─ 利用短视频进行出版物网络营销有利于表现产品
│     ├─ 短视频平台扩大营销覆盖面
│     ├─ 公司以微信营销为主要营销手段之一
│     ├─ 微信营销可以为公司带去良好的社会效益和经济效益
│     └─ 公司根据自身特色和优势制定微信营销策略
└─ 私域流量表现
   ├─ 流量获取困难
   │  ├─ 流量获取存在困境和难题
   │  ├─ 传统方式不再适用于拓展流量
   │  └─ 流量大环境发生深刻改变
   └─ 私域流量效果
      ├─ 公司具有高黏性用户
      ├─ 公司产品用户基数和时长呈现迅速扩张趋势
      ├─ 公司拥有可观的私域流量
      ├─ 公司日书新售效果良好
      ├─ 公司拥有各类新媒体账号
      ├─ 公司拥有不同类型的粉丝群体
      ├─ 公司各新媒体账号拥有大量粉丝
      └─ 公司有部分属于各地作家团队原本所在部门的账号
```

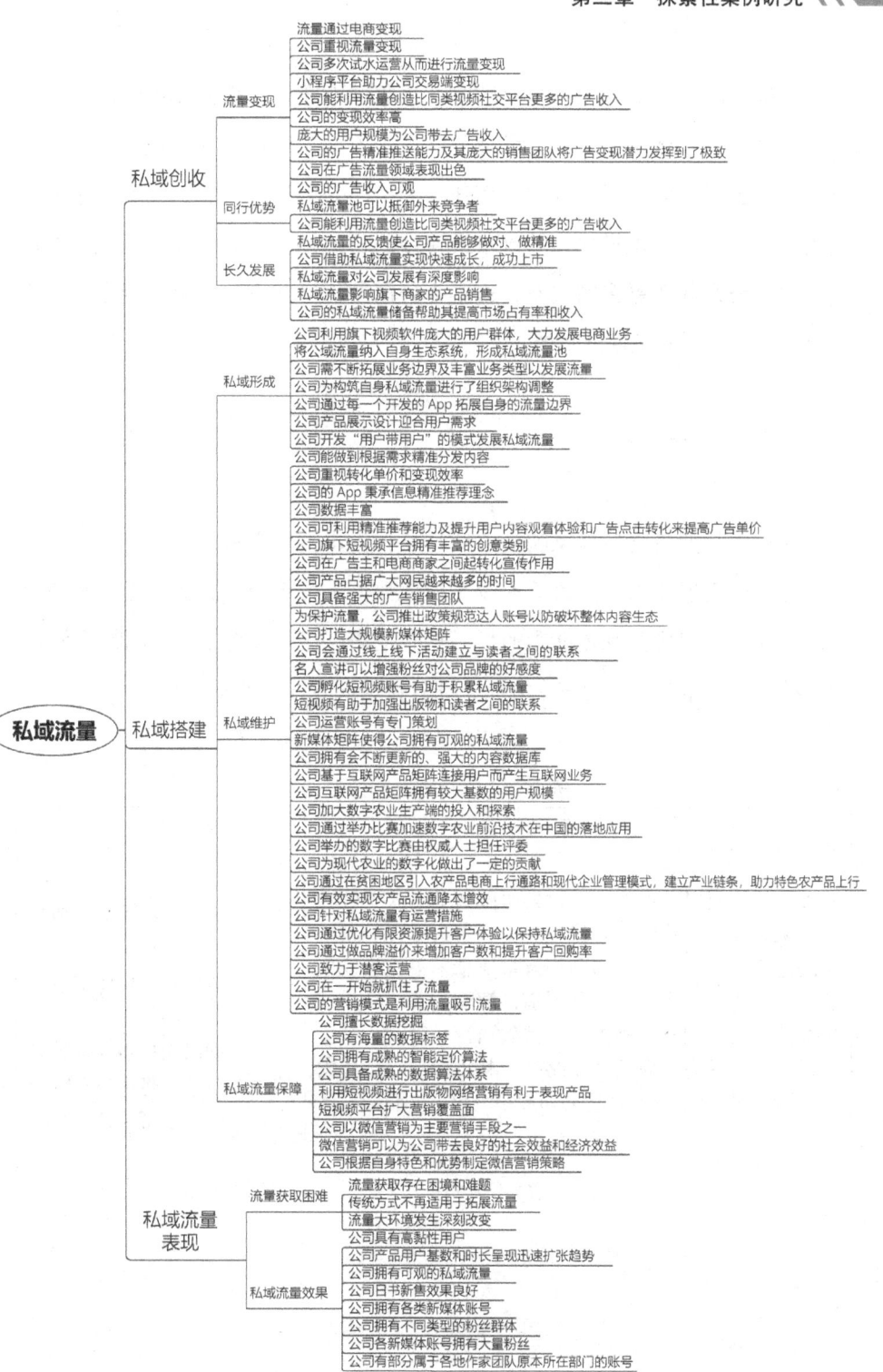

图 3-5 核心范畴"私域流量"选择性编码

095

数据编码显示，私域流量对数字经济驱动下企业价值共创能力的影响可从私域搭建、私域流量表现、私域创收三个方面来解释。在私域流量搭建的过程中，公司获得了部分客户的信任，为价值共创过程中客户的参与争取了更大的可能性。公司搭建私域流量最直接的目的是获取利益，私域流量通过其表现为公司创造更多的收益，这既为公司的价值共创过程赢得资本，也进一步稳固了公司的私域流量池。

## 三、用户体验

用户体验能最直接地反映公司产品是否满足市场需求，也决定了公司产品的可持续发展能力有多大。通过对访谈数据进行分析，得到能够解释数字经济驱动下公司价值共创能力的另一核心范畴"用户体验"，包括使用体验、用户满意度、品牌影响力三个方面，部分数据如表3-4所示。

表 3-4  用户体验部分数据

| 数据 | 编码 |
| --- | --- |
| 企业 A：从使用者角度来看，公司做到了深入了解顾客需求和偏好，让顾客直接参与价值创造过程，共同来决定产品的生产。公司利用海量信息采集、深度数据挖掘、用户行为分析三种渠道，智能推荐个性化信息给用户，开创了一种全新的大数据社交模式，贯彻了以用户需求为导向的创新路径，其将用户与创作内容紧密结合的创新模式让公司旗下 APC 一时风头无两…… | 公司让顾客直接参与价值创造过程<br>公司智能推荐个性化信息给用户<br>公司贯彻以用户需求为导向的创新路径，将用户与创作内容紧密结合 |

续表

| 数据 | 编码 |
|---|---|
| 企业 B：有很多读者反映，对比几个版本的《人性的弱点》，最喜欢的是公司出品的版本，设计十分精美。读者对于版本学纸质什么的都不甚了解，但是都认为这本《人性的弱点》翻译得很用心…… | 公司产品设计精美，为用户提供了美好的视觉体验<br>公司的翻译产品质量受到读者认可 |
| 企业 C：公司在购物的过程中增加了拼团环节，在带给顾客乐趣的同时也对公司的这款 APC 进行了推广。公司解决了多数人不出门就能购物的问题，它的创新就在于多人拼单一起买比单买划算。合作商有很多，能够满足基本性需求。商品的分享、拼团、砍价功能，下拉查看商品的过程中可以一键返回底部，全网默认包邮等满足用户期望的功能属于期望型需求…… | 用户能在购物过程中感受到乐趣<br>公司产品能满足用户的基本性需求<br>公司致力于满足用户期望性需求 |

在访谈数据的基础上，对"用户体验"这一核心范畴进行开放性编码，得到3层45个开放性编码支持，如图3-6所示。

在开放性编码的基础上，对核心范畴"用户体验"进行选择性编码。用户体验最直观的是用户在使用时的感受，而后是用户对公司及产品的综合评价，即满意度如何，再者是公司的品牌影响力，这在一定程度上也决定了用户触达公司产品的难易程度以及用户对产品的期待值大小。核心范畴"用户体验"共得到4层48个选择性编码支持，如图3-7所示。

# 价值共创
## 数字创新、私域流量与用户体验

```
                    ┌─ 公司拥有大量活跃用户
                    ├─ 公司前期有大量的广告支出
            知名度 ──┼─ 用户可以轻易接触到品牌旗下的产品
                    ├─ 用户对公司认可度较高
                    ├─ 公司可以很好地利用用户带动用户
                    └─ 用户之间共享公司产品的频率高

                    ┌─ 公司利用新媒体与读者产生良好互动
                    ├─ 公司产品的使用者能和相应的生产者有良好的交流体验
          实时反馈 ──┼─ 公司的产品质量受到顾客认可
                    ├─ 公司产品常常受到好评
                    ├─ 客户会对公司产品提出建议
                    └─ 公司产品能为客户带去良好的视觉体验

                    ┌─ 公司产品的优惠力度对用户有很大吸引力
                    ├─ 公司的新媒体传播容易使得用户对其产生好感
                    ├─ 公司产品吸引大量年轻用户
        产品吸引力 ──┼─ 公司的用户可以对作品进行二度创作
                    ├─ 公司产品种类繁多,选择多样
                    ├─ 公司产品有创意性发展
                    └─ 用户间会相互推荐产品

用户体验 ──┤
                    ┌─ 公司产品能满足用户的基本性需求
                    ├─ 公司致力于满足用户期望性需求
      满足需求程度 ──┼─ 公司产品能满足用户的低价需求
                    ├─ 公司的产品极大地满足用户的创作需求
                    ├─ 公司产品的设计基于市场调研
                    └─ 公司会综合用户建议完善产品功能

                    ┌─ 公司利用大数据对用户进行精准推送,使得用户有更好的用户体验
                    ├─ 用户能在购物过程中感受到乐趣
                    ├─ 用户能利用公司产品展现想法,甚至赚钱
                    ├─ 公司旗下产品使用符合用户特点
                    ├─ 公司的算法从用户角度出发,力图实现"按需推荐"
                    ├─ 公司致力于实现用户与内容的精准匹配
                    ├─ 公司算法体现内容生产和内容分发
       用户获益的 ──┼─ 公司重视内容质量
         可能性      ├─ 公司重视用户"获得感"
                    ├─ 公司让顾客直接与价值创造过程
                    ├─ 公司只能推荐个性化信息给用户
                    ├─ 公司贯彻以用户需求为导向的创新路径,将用户与创作内容紧密结合
                    ├─ 公司不断开发营销方面的新生态、新视角和新机会
                    ├─ 公司依靠数据、技术、标签体系以及品牌资产方法论为品牌及代理商提供"洞察+度量+优化"的全链路数据解决方案
                    └─ 公司产品能充分利用用户闲散时间
```

图 3-6 核心范畴"用户体验"开放性编码

第三章 探索性案例研究

```
                              ┌─ 公司利用新媒体与读者产生良好互动
                              ├─ 公司产品的使用者能和相应的生产者有良好的交流体验
                     ┌─实时反馈┼─ 公司的产品质量受到顾客认可
                     │        ├─ 公司产品常常受到好评
                     │        ├─ 客户会对公司产品提出建议
                     │        └─ 公司产品能为客户带去良好的视觉体验
                     │
         ┌─使用体验──┤        ┌─ 公司利用大数据对用户进行精准推送，使得用户有更好的用户体验
         │           │        ├─ 用户能在购物过程中感受到乐趣
         │           │        ├─ 用户能利用公司产品展现想法，甚至赚钱
         │           │        ├─ 公司旗下产品使用符合用户特点
         │           │        ├─ 公司的算法从用户角度出发，力图实现"按需推荐"
         │           │        ├─ 公司致力于实现用户与内容的精准匹配
         │           │        ├─ 公司算法体现内容生产和内容分发
         │           │用户获益的├─ 公司重视内容质量
         │           └─可能性  ┼─ 公司重视用户"获得感"
         │                    ├─ 公司让顾客直接参与价值创造过程
         │                    ├─ 公司能推荐个性化信息给用户
         │                    ├─ 公司贯彻以用户需求为导向的创新路径，将用户与创作内容紧密结合
         │                    ├─ 公司不断开发营销方面的新生态、新视角和新机会
         │                    ├─ 公司依靠数据、技术、标签体系以及品牌资产方法论为品牌及代理商提供"洞察+度量+优化"
         │                    │  的全链路数据解决方案
         │                    └─ 公司产品能充分利用用户闲散时间
         │
用户体验─┤                    ┌─ 公司产品能满足用户的基本性需求
         │           满足需求 ├─ 公司致力于满足用户期望性需求
         │          ┌─程度   ┼─ 公司产品能满足用户的低价需求
         │          │         ├─ 公司的产品极大地满足用户的创作需求
         │          │         ├─ 公司产品的设计基于市场调研
         │          │         └─ 公司会综合用户建议完善产品功能
         ├─用户满意度┤
         │          │         ┌─ 公司产品的优惠力度对用户有很大吸引力
         │          │         ├─ 公司的新媒体传播容易使得用户对其产生好感
         │          │产品    ├─ 公司产品吸引大量年轻用户
         │          └─吸引力 ┼─ 公司的用户可以对作品进行二度创作
         │                    ├─ 公司产品种类繁多，选择多样
         │                    ├─ 公司产品有创意性发展
         │                    └─ 用户间会相互推荐产品
         │
         │                    ┌─ 公司拥有大量活跃用户
         │                    ├─ 公司前期有大量的广告支出
         └─品牌影响力─知名度 ┼─ 用户可以轻易接触到品牌旗下的产品
                              ├─ 用户对公司认可度较高
                              ├─ 公司可以很好地利用用户带动用户
                              └─ 用户之间共享公司产品的频率高
```

图 3-7 核心范畴"用户体验"选择性编码

099

## 四、协同管理

数字经济下，社会中产生了大量数字企业和文化与商业形式。在大环境的积极作用下，协同管理的发展也正处在加速当中。通过协助公司建立统一作业平台和个人作业平台，显著提升团队和个人作业绩效以及团队运作的能力，成就高绩效组织，这正是协同管理的意义所在。而数字经济的快速发展要求企业提高管理效率，加快资源整合和利用的效率，这也是企业发展协同管理的方向所在。通过对受访资料的分析，得出了解释价值共创的另一核心范畴"协同管理"，包括协同管理方式、协同管理理念、协同管理效率，部分数据如表3-5所示。

表 3-5　协同管理部分数据

| 数据 | 编码 |
| --- | --- |
| 企业A：公司采用的管理手段是OKR管理。公司在创办伊始就采用了最大限度解放员工创造力的OKR管理工具，也即达成目标前的工作方式。这些工作方式旨在减少沟通成本、强化协同能力、调动个人积极性，从而向集体目标快速突进。公司从一开始对工具的投入和应用就给予了非同寻常的重视。以沟通和协作工具为例，它对于信息的创造、分发、流转和消费至关重要，甚至可以说是公司最重要的一个工具平台，对于让信息最大化透明、让多元的声音出现至关重要。每个企业都需要这样的工具平台…… | 公司采用OKR管理<br>公司的管理重视减少沟通成本、强化协同能力、调动个人积极性<br>公司非常重视工具的投入和应用<br>公司自主开发管理工具平台 |

续表

| 数据 | 编码 |
|---|---|
| 企业 B：为了做好内容策划，公司会要求账号主编旁听公司选题会、营销会，以及产品经理和营销经理的讨论，全方位了解图书内容和亮点；同时新媒体部门内部每天也会开选题会，并给予主编充分的自主权，不设置固定标准的脚本文案，根据选题风格灵活多变。公司对于新媒体部的种种支持，尤其是对于互联网运营逻辑的认可，在很多出版机构里是比较难得的。公司对新媒体矩阵有完整的布局和设想…… | 公司内容策划会全方位了解图书内容和亮点<br>公司选题风格灵活多变<br>公司重视新媒体部门的建设<br>公司对新媒体矩阵有完整的设想 |
| 企业 C：团队的快速扩张、业务的高速增长和外部环境的剧烈变化，都在促使公司进一步迭代升级管理团队和公司治理结构。在对端管云初步了解的基础上，公司开始探讨如何利用端管云来协同共创价值。公司获取流量的方式，在其发展早期是依托微信的免费流量，这是出于公司和腾讯双方共赢的考虑…… | 公司有必要增强管理<br>公司与其他流量平台有外部合作<br>端管云有助于公司重构整个数据的决策控制逻辑 |

基于受访资料，进入开放性编码阶段，核心范畴"协同管理"最后得到 3 层 50 个开放性编码支持，如图 3-8 所示。

在开放性编码的基础上，对核心范畴"协同管理"进行选择性编码。本书分别从协同管理方式、协同管理理念和协同管理效率来进行解释，对应的是"是什么""怎么做""做得怎么样"的问题。最后，核心范畴"协同管理"得到 3 层 53 个选择性编码支持，如图 3-9 所示。

## 价值共创
### 数字创新、私域流量与用户体验

```
                        ┌─ 公司与其他流量平台有外部合作
                        ├─ 公司与作家进行资源置换
                        ├─ 公司团队管理职责明确，隶属分明
          公司进行多方协同 ┼─ 公司的管理人员可以跟随公司产品进行调动
                        ├─ 公司风格是全面作战
                        ├─ 公司善于发动闪电战（公司作战规划明确速度快，执行力强）
                        ├─ 公司产品上市前充分收集用户意见，上市后仍不断迭代版本
                        └─ 公司的协同管理重视一线员工的作用

                        ┌─ 端管云有助于公司重构整个数据的决策控制逻辑
                        ├─ 公司采用 OKR 管理
          协同管理的工具齐备┼─ 公司与时俱进引入最新管理工具
                        ├─ 公司管理人员能较好地使用管理工具
                        └─ 公司自主开发管理工具平台

                        ┌─ 公司的管理重视减少沟通成本、强化协同能力、调动个人积极性
                        ├─ 公司有必要增强管理
                        ├─ 公司定位基于内容、IP、用户的新型出版、媒体、教育、IP 运营
                        ├─ 公司的管理权相对下放，高层只做方向性把关
                        ├─ 公司对新媒体矩阵有完整的设想
                        ├─ 公司重视新媒体部的建设
                        ├─ 公司选题风格灵活多变
          公司管理想法丰富 ┼─ 公司内容策划会全方位了解图书内容和亮点
协同管理 ─┤              ├─ 公司非常重视工具的投入和应用
                        ├─ 公司管理重视工具平台的应用
                        ├─ 公司管理选择尽量少的规则，以保持组织的灵活性，以此适应业务的发展
                        ├─ 公司的管理需要找到公司存在的意义
                        ├─ 公司员工的工号不按顺序排排列
                        ├─ 公司内部有自驱力
                        ├─ 公司协作方式为内部协作
                        └─ 公司的管理中体现高远的目标和社会责任感

                        ┌─ 公司高层重视管理人才
          公司注重人员管理 ┼─ 公司在管理上重视人才
                        ├─ 公司追求优秀人才
                        └─ 公司时常对管理人员进行理念培训

                        ┌─ 公司高层重视信息管理
          公司重视信息管理 ┼─ 公司追求信息快速流动和最极致的共享
                        └─ 公司的信息通畅，通过内部信息透明来解决问题

                        ┌─ 公司内部协作良好
          管理效果良好   ┼─ 公司运行顺畅并有好的发展趋势
                        ├─ 公司能及时改进管理中发现的问题
                        └─ 协同管理切实增加公司利益

                        ┌─ 公司资源流动较快
          资源利用率高   ┼─ 公司共享信息资源
                        └─ 公司资源使用效率高
```

图 3-8 核心范畴"协同管理"开放性编码

# 第三章 探索性案例研究

```
                                    ┌─ 公司与其他流量平台有外部合作
                                    ├─ 公司与作家进行资源置换
                                    ├─ 公司团队管理职责明确，隶属分明
                         ┌─ 公司进行多方协同 ─┼─ 公司的管理人员可以跟随公司产品进行调动
                         │                   ├─ 公司风格是全面作战
                         │                   ├─ 公司善于发动闪电战（公司作战规划明确，速度快，执行力强）
                         │                   ├─ 公司产品上市前充分收集用户意见，上市后仍不断迭代版本
         ┌─ 协同管理方式 ─┤                   └─ 公司的协同管理重视一线员工的作用
         │               │
         │               │                   ┌─ 端管云有助于公司重构整个数据的决策控制逻辑
         │               │                   ├─ 公司采用 OKR 管理
         │               └─ 协同管理的       ├─ 公司与时俱进引入最新管理工具
         │                  工具齐备         ├─ 公司管理人员能较好地使用管理工具
         │                                   └─ 公司自主开发管理工具平台
         │
         │                                   ┌─ 公司的管理重视减少沟通成本、强化协同能力、调动个人积极性
         │                                   ├─ 公司有必要增强管理
         │                                   ├─ 公司定位基于内容、IP、用户的新型出版、媒体、教育、IP 运营
         │                                   ├─ 公司管理权相对下放，高层只做方向性把关
         │                                   ├─ 公司对新媒体矩阵有完整的设想
         │                                   ├─ 公司重视新媒体部的建设
         │                                   ├─ 公司选题风格灵活多变
         │               ┌─ 公司管理想法丰富 ┼─ 公司内容策划全方位了解图书内容和亮点
         │               │                   ├─ 公司非常重视工具的投入和应用
         │               │                   ├─ 公司管理重视工具平台的应用
 协同管理 ┤               │                   ├─ 公司管理选择尽少的规则，以保持组织的灵活性，以此适应业务的发展
         │               │                   ├─ 公司的管理需要找到公司存在的意义
         │               │                   ├─ 公司员工的工号不按顺序排列
         │               │                   ├─ 公司内部有自驱力
         │               │                   ├─ 公司协作方式为内部协作
         ├─ 协同管理理念 ─┤                   └─ 公司的管理中体现高远的目标和社会责任感
         │               │
         │               │                   ┌─ 公司高层重视管理人才
         │               ├─ 公司注重人员管理 ┼─ 公司在管理上重视人才
         │               │                   ├─ 公司追求优秀人才
         │               │                   └─ 公司时常对管理人员进行理念培训
         │               │
         │               │                   ┌─ 公司高层重视信息管理
         │               └─ 公司重视信息管理 ┼─ 公司追求信息快速流动和最极致的共享
         │                                   └─ 公司的信息通畅，通过内部信息透明来解决问题
         │
         │                                   ┌─ 公司内部协作良好
         │               ┌─ 管理效果良好 ───┼─ 公司运行顺畅并有好的发展趋势
         │               │                   ├─ 公司能及时改进管理中发现的问题
         └─ 协同管理效率 ─┤                   └─ 协同管理切实增加公司利益
                         │
                         │                   ┌─ 公司资源流动较快
                         └─ 资料利用率高 ───┼─ 公司共享信息资源
                                             └─ 公司资源使用效率高
```

图 3-9 核心范畴"协同管理"选择性编码

### 五、编码汇总

当前,数字经济发展日新月异,深刻地重塑了世界经济和人类社会面貌。随着以计算机技术为代表的信息技术突飞猛进地发展,数字经济开始作为当今世界各方推动经济社会增长的主要动力,以数字化技术和信息产业发达程度为主要标志的综合国力较量愈演愈烈,数字经济已变成强国间争夺的重点领域。数字经济在促进国民经济成长、提升人民劳动生产率、培植新兴领域和行业的经济增长点、促进社会包容性增长和国民经济可持续增长等诸多方面,均产生了巨大影响。

上文通过对数字经济驱动下公司价值共创能力影响因素的开放性编码和选择性编码,得到数字创新、私域流量、用户体验、协同管理四个核心范畴。其中,数字技术、创新产出和创新过程是企业数字创新的重要体现,分别对应着数字创新的副范畴;与私域流量对应的副范畴是私域搭建、私域流量表现以及私域创收;与用户体验对应的副范畴是使用体验、用户满意度和品牌影响力;而协同管理对应的则是协同管理方式、协同管理理念和协同管理效率。如表3-6所示。

表3-6 核心范畴及副范畴汇总表

| 核心范畴 | 副范畴 | 范畴 |
| --- | --- | --- |
| 数字创新 | 数字技术 | 数字创新 |
| | | 创新应用 |
| | | 创新规模 |
| | 创新产出 | 产品创新 |
| | | 流程创新 |
| | | 组织创新 |
| | | 商业模式创新 |
| | 创新过程 | 创新要素 |
| | | 创新保障 |

续表

| 核心范畴 | 副范畴 | 范畴 |
|---|---|---|
| 私域流量 | 私域搭建 | 私域形成 |
| | | 私域维护 |
| | | 私域流量保障 |
| | 私域流量表现 | 流量获取困难 |
| | | 私域流量效果 |
| | 私域创收 | 流量变现 |
| | | 同行优势 |
| | | 长久发展 |
| 用户体验 | 使用体验 | 实时反馈 |
| | | 用户获益的可能性 |
| | 用户满意度 | 满足需求程度 |
| | | 产品吸引力 |
| | 品牌影响力 | 知名度 |
| 协同管理 | 协同管理方式 | 公司进行多方协同 |
| | | 协同管理的工具齐备 |
| | 协同管理理念 | 公司管理想法丰富 |
| | | 公司注重人员管理 |
| | | 公司注重信息管理 |
| | 协同管理效率 | 管理效果良好 |
| | | 资源利用率高 |

# 第五节　数字经济驱动下公司价值共创能力影响机理

在扎根理论的基础上，本书通过对三家公司进行调研、访谈，获得大量数据并对其编码发现，数字经济驱动下公司价值共创能力的提升，需要在内部发展自身数字创新能力，做好协同管理工作，以打造公司作为价值共创主体之一的基本能力，在外部需要打造公司自身的私域流量，掌握用户体验情况以保证客户在价值共创过程中的良好互动。由扎根理论归纳总结得出的各核心范畴之间的作用机理如下。

## 一、数字创新对价值共创的影响

在数字创新中，数字技术对人际互动、口碑宣传和信息共享存在不同程度的积极影响。公司通过创新过程以及创新产出，提升其自身综合实力，从而吸引更多的合作方，更好地满足顾客的需求，以此提高人际互动频率，增加公司的口碑宣传。综合实力的提高也会使得公司信息共享的能力增强，从而使公司获得更多有价值的信息。

## 二、私域流量对价值共创的影响

私域流量的多少代表的是公司可直接触达客户群的数量。从私域流量的创建，到私域流量表现出其不可代替的作用，再到私域流量为公司创造收益，其本质便是公司通过发展客户创收的过程。客户能够在价值共创过程中为公司良好的口碑宣传起到一定的积极作用，此外，也能促进良好的人际互动以及高效的信息共享。

### 三、用户体验对数字创新与价值共创影响的调节作用

用户体验代表的是用户对公司服务或产品的感受，以及公司服务或产品对用户的号召力及吸引力。公司根据用户体验的反馈，决定自身数字创新的方向及资源分配，这也决定了公司的数字创新能力最终会有什么程度的提升，从而决定对价值共创产生多大的作用。

### 四、用户体验对私域流量与价值共创影响的调节作用

用户体验的好坏在一定程度上决定了用户黏性的高低，而私域流量中的用户便是黏性较高的那部分用户群体。用户体验好，会使私域流量对价值共创起到更明显的作用。

### 五、协同管理在数字创新与价值共创之间的中介作用

公司提升自身数字创新能力，一方面可以直接对其价值共创产生积极影响，另一方面可以在协同管理的作用下，即在良好的协同管理理念的引领下，运用有力的协同管理方式，提高协同管理的效率，增强数字创新在价值共创过程中的作用。

### 六、协同管理在私域流量与价值共创之间的中介作用

稳定的私域流量需要良好的管理才能维持，因此，公司的协同管理进程在一定程度上可以为公司打造更符合自身利益的私域流量池提供助力。即使是同等规模的私域流量池，好的协同管理也会使得私域流量在同等条件下发挥更大的作用，也即私域流量通过协同管理对价值共创具有更大的积极作用。

## 第六节 本章小结

本章采用扎根理论对三家案例公司实施了探索性案例研究。首先对案例公司的选择理由、公司的基本情况等做了介绍。在对案例分析的过程中，收集了相关数据，并通过对三家公司的中高级管理层、技术部门、财务部门及用户进行深度访谈，整理了相关的访谈信息。通过开放性编码得到共计245个编码支持，抽象出4个能解释"在数字经济驱动下企业的价值共创"的核心范畴，即数字创新、私域流量、用户体验和协同管理。在选择性编码阶段对4个核心范畴反复抽象和对比，最终得到4层254个编码支持，并实现了饱和。此外，构建在数字经济驱动下的公司价值共创系统模型，较为清晰地展示了4个核心范畴对公司价值共创的影响机理，为后文分析研究数字创新、私域流量对数字经济驱动下公司价值共创的影响机制以及实证研究奠定了一定的基础，并为下一章进行理论演绎、假设提出、理论模型构建提供了一个分析框架。

# 第四章

## 变量间的作用机理

本书在通过探索性案例研究提出理论分析框架的基础上，初步探讨得出数字创新、私域流量、用户体验、协同管理和价值共创之间的大致关系。本章在相关理论的指导下，将研究涉及的数字创新、私域流量、用户体验、协同管理和价值共创进行维度划分，并进一步深入探讨和分析相关变量之间的相互作用机制，通过理论推演，根据变量之间可能存在的关系提出假设，为后续研究提供依据。

# 第一节　数字创新与价值共创的关系探讨

推动价值共创的演化，要依据企业发展阶段、数字创新能力和服务创新能力强弱来合理地选择双轨道融合模式（彭本红，2016）。此外，还要注重硬技术和软技术的多样化，审时度势，切实做好"顺轨""融轨"和"跃轨"路径选择（冯婷婷、王辛和石韵珞，2015）。学界普遍认为，创新生态系统能够联结多元创新主体，促进多边资源互补，实现"1+1＞2"的价值共创效应。创新生态系统已成为价值共创的重要载体。以技术突破为核心价值目标的创新生态系统应重点培育创新主体创新能力，挑选有创新能力的参与者不断增强内部凝聚力，构建科学命运共同体，实现技术价值共创（赵艺璇等，2022）。价值共创对于重新审视供应链的企业协同发展有很大的启示。外部因素和核心企业驱动是供应链协同绿色数字创新的重要推动原因（李广培、戴娜璇、王晓玉和林扬烨，2021）。在出版行业，数字信息技术的迅速扩散，也促进了产业内合作机制的重塑，形成了网文行业特有的利益获取机制和风险管控体系，价值共创体系促进了用户和产品端的协同创新激励（钱威丞，2022）。

基于此，本研究将数字创新划分为三个维度，分别是数字技术、创新产出和创新过程，并提出如下假设。

H1：数字创新对价值共创具有正向影响。

H1a：数字创新的数字技术维度对价值共创具有正向影响。

H1b：数字创新的创新产出维度对价值共创具有正向影响。

H1c：数字创新的创新过程维度对价值共创具有正向影响。

## 第二节　私域流量与价值共创的关系探讨

私域流量以用户为核心，依托关系的传播效应，呈现出高关联、强黏性、易转化、圈层型和长尾式传播的特点，是环境预警主体中的补充者，在对预警过程的认识、态度与执行等方面发挥着配合者的作用，并与公域流量联合发挥作用、形成环境预警共同体，共同形成了完善的环境传播与预警生态体系（赵哲超和郝静，2019）。也就是说，私域流量与公域流量所形成的预警共同体，能有效预测环境中的风险因素，对于企业发展而言，这无疑是一种预测风险的手段。在价值共创的过程中，企业不仅仅需要关注价值创造本身，也需要对价值共创环境给予关注，私域流量的预警作用能为企业的价值共创过程构筑预警机制。

在出版行业中，私域流量具有重要的经济价值，能够帮助相关机构或企业直达读者，从而降低成本提升效益。在熟人文化的机制下，私域中的读者之间具有同质性，这也就使得产品的聚合销售能力得到提升（聂书江，2020）。价值共创所具有的发展动力是指核心业务打造、社群渠道构建、情感网络建立、利益相关者赋能和可持续生态布局（乔晗、张硕、李卓伦和万姿显，2021）。搭建私域流量对其中的社群渠道构建以及情感网络建立等具有不同程度的作用。企业设立私域流量池的主要意义在于把目标客户集中在企业自己掌握的区域里加以管理，这里面最关键的便是企业数据的自有性，并通过大数据分析结果对各个使用人群加以细分，标签化的管理方法可以让企业更好地进行精细化营销。在用户画像建立过程中，消费黏性、消费偏好、消费频次、价格倾向等都能够成为衡量指数,以进行对用户价值的不断转化(李笑雨,2021)。

相比于公域流量,私域流量目前已经可以为顾客提供更高的商品与服务匹配率、更大的价格优势、更低的消费成本,以及更稳定持久的服务质量。而随着私域的流行,在消费升级环境下,私域流量能力的形成要求行业和产品科学明确定位和提升策略、打通基础能力并不断积累客户行为和认知(翟趁华,2021)。

基于此,本研究将私域流量划分为私域搭建、私域流量表现和私域创收三个维度,并提出如下假设。

H2:私域流量对价值共创具有正向影响。

H2a:私域流量的私域搭建维度对价值共创具有正向影响。

H2b:私域流量的私域流量表现维度对价值共创具有正向影响。

H2c:私域流量的私域创收维度对价值共创具有正向影响。

## 第三节　数字创新与协同管理的关系探讨

在跨国企业中，全球协同管理是数字创新的要素。研究表明，跨国公司实施数字创新要素全球协同管理，需要了解影响协同管理效果最为重要的因素是沟通（那军和孙瑶，2011）。互联网知识经济时代，实施开放式创新是公司创新战略的必然选择，开放式创新模式下外部技术与内部研发协同管理是公司成功实施开放式创新必须考虑的关键因素（王文华和张卓，2017）。现有研究基于协同管理理论对产业数字创新战略联盟稳定性进行研究，研究表明协同管理下的资源协同、目标协同、知识协同对联盟稳定性存在正向影响，关系协同、创新协同对联盟稳定性存在负向影响（段云龙等，2019）。此外，有学者在对零售企业供应链的研究基础上提出协同数字创新与管理创新之间存在关联（吴雅骊和易婷婷，2021）。

随着社会的不断发展与变革，大数据分析已经成为一个新的信息资源并具有重要的应用价值，在社会经济发展层面上的地位日益重要。把握有效数据信息，通过对数据分析创造价值的分析方法，是中国发展各种现代化科技企业最重要的发展手段（李龙瑞和陈伟明，2021）。

基于此，本研究提出如下假设。

H3：数字创新对协同管理具有正向影响。

H3a：数字创新的数字技术维度对协同管理具有正向影响。

H3b：数字创新的创新产出维度对协同管理具有正向影响。

H3c：数字创新的创新过程维度对协同管理具有正向影响。

## 第四节 私域流量与协同管理的关系探讨

私域流量的推广以客户关系管理为核心,通过自生广告及第三方版权购买进行信息供给和导流,并与各推广平台建立关系矩阵,全面发掘客户资源,提高转化率和付费度的推广模式(张雪,2020)。对社区电子商务来说,在私域流量中的"强关联"是一个无法多得、无法扩充的重要资源,也正是因为这些重要资源的存在,才使得社区电子商务具备了较强的市场变现潜力(付蕾,2021)。而要实现这种变现能力,则要求相关企业在运营中要有效实施协同管理,才能在复杂的社交电商运营竞争中脱颖而出。私域流量是4R营销理论的核心,在衔接和融合关联、反应、关系与报酬四者的过程中,要求企业有系统化规划,恰当安排企业内部各部门管理工作(吴锋和杨晓萍,2021)。此外,在去中心化、碎块化的移动网络场景下,用户需求已成为商品的终极节点,品牌经营的发展走向就是以满足用户需要为基本点,私域市场也为公司深入挖掘品牌提供了便利条件。因此可以看出,私域市场能否为公司品牌破局并非私域本身的问题,而是公司能否有效运营的重要因素问题(吴凤颖,2022)。

基于此,本研究提出如下假设。

H4:私域流量对协同管理具有正向影响。

H4a:私域流量的私域搭建维度对协同管理具有正向影响。

H4b:私域流量的私域流量表现维度对协同管理具有正向影响。

H4c:私域流量的私域创收维度对协同管理具有正向影响。

## 第五节　协同管理与价值共创的关系探讨

价值网络中不同行为主体之间和单个行为主体内部的赋能行为和过程需要受到正式或非正式规则或规范（激励、约束和问责等）的作用（Ziommerman，2000；Narayan，2002；Alsop，2006），以确保增能流程的高效实施以及对赋能结果的有效回应；协同规则也成为维持价值网络中不同行为主体之间关系的关键基础。从设计学角度来看，协同设计是实现价值共创这个目标继而达成服务共创结果的手段。手段和过程是必要的，但并不充分，运用了协同设计的手段并不一定能达成服务共创的结果。而无论是否使用协同设计这个手段，只要价值共创理念能够把握并实现，就能达成服务共创（丁熊，2019）。在物流服务生态系统中，多对多参与者能够通过制度机制协调创造、行动和行为，以实现价值共创（魏冉和刘春红，2022）。

基于此，本研究将协同管理划分为三个维度，分别是协同管理方式、协同管理理念和协同管理效率，并提出如下假设。

H5：协同管理对价值共创具有正向影响。

H5a：协同管理的协同管理方式维度对价值共创具有正向影响。

H5b：协同管理的协同管理理念维度对价值共创具有正向影响。

H5c：协同管理的协同管理效率维度对价值共创具有正向影响。

## 第六节　协同管理的中介作用探讨

协同管理为企业了解真实、全面的信息提供了可能性，并能打破各种障碍，随时调动各种资源，使业务与业务之间顺畅衔接，以实现各部门的最大价值。数字经济下，企业提升数字创新能力，一是需要拥有具备优势的创新水平以及完备的知识体系，二是需要有合理的投入规划，无论是资金投入还是人员配备等，都需要企业进行统筹规划，协调各部门资源进行协同管理。近年来掀起的私域流量浪潮，代表着具备高黏性特点的客户群体的出现，显然，企业需要管理好这种私域客户关系，将私域流量不断地固化为企业稳定的客户来源，这需要企业各部门的共同努力，如负责产品或服务的部门需要对产品或服务的品质进行提升、负责销售的部门需要同时做到维系旧客户和培养新客户，这同样需要企业进行协同管理。换言之，数字创新和私域流量要对价值共创起作用，其间需要企业进行协同管理，提升其数字创新能力以构建私域流量池，从而创建企业的价值共创网络体系。

基于此，本研究提出如下假设。

H6：协同管理在数字创新与价值共创之间起到中介作用。

H7：协同管理在私域流量与价值共创之间起到中介作用。

# 第七节　用户体验的调节作用探讨

唐纳德·诺曼认为，设计要从个人的思想和感官层面来思考，强调回归以人为本，设计要解决问题而不是创造问题。可见，在企业从生产到销售产品的整个过程中，用户体验是应该发挥巨大作用的，特别是对寻求发展的企业而言，必须考虑用户体验对其可能存在的影响。企业进行数字创新的根本目的是吸引用户获得收益，因此企业的数字创新就不得不考虑到用户因素，这其中用户体验至关重要。用户体验好，对企业的数字创新能力就会有更高的要求，必然使得企业面临更复杂的管理需求，这就要求企业能够进行更高水平的协同管理。那么，数字创新对协同管理能发挥的作用也就可能越小。

私域流量本质上与用户体验一样，考虑的都是用户。用户体验良好的企业，其搭建的私域流量池中的用户一般会具有更高的黏性，而这样的私域流量会对企业的协同管理有更高的要求，即用户体验在私域流量和协同管理之间起到调节作用，用户体验越好，相对应的就是用户黏性越高、流量越大的私域流量池，那么现有的协同管理水平可能就无法满足需求，进而在用户体验的作用下，私域流量对协同管理的正向影响可能会更小。

基于此，本研究提出如下假设。

H8：用户体验在数字创新与协同管理之间起到调节作用。

H9：用户体验在私域流量与协同管理之间起到调节作用。

## 第八节　研究框架

通过以上分析发现，在数字经济驱动下，公司的价值共创主要受到数字创新、私域流量、用户体验和协同管理四方面的影响，其模型如图 4-1 所示。

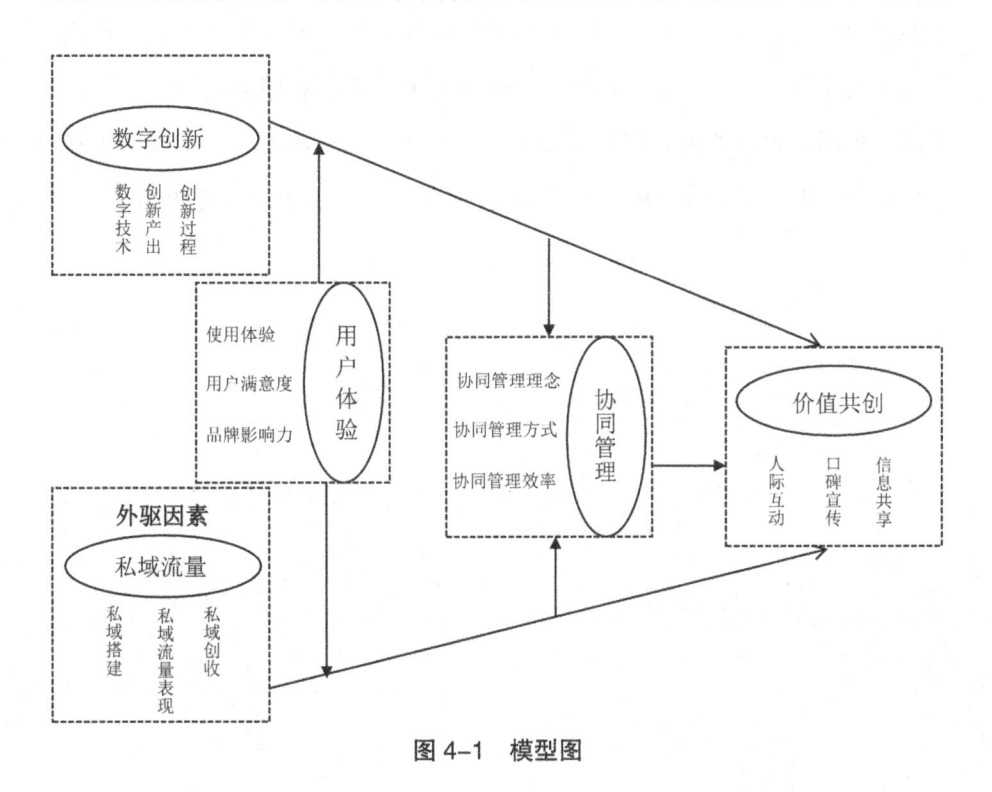

图 4-1　模型图

## 第九节　本章小结

　　本章按照"数字创新、私域流量—用户体验—协同管理—价值共创"的逻辑思路，以协同管理为纽带，分析数字创新、私域流量与价值共创的关系，并探索用户体验在其中的作用。分别就数字创新与价值共创的关系、私域流量与价值共创的关系、数字创新与协同管理的关系、私域流量与协同管理的关系、协同管理与价值共创的关系、协同管理的中介作用展开了概念研究与逻辑演绎，对探索性案例研究的初步假设命题进行了细化，并提出了24项假设。

# 第五章

## 实证研究的方法论

在探索性研究和理论推导后,必须通过科学规范的方法对要研究的问题及获取的有关数据加以研究与整理,以此定量地分析各个变量之间的关系。本章将对具体的问卷设计、变量度量、数据收集和分析方法进行介绍。

# 第一节　问卷设计

为了保证数据的信度和效度，本研究首先通过文献阅读界定相关变量，随后参照其他学者在变量界定、测量维度、问题设计等方面的成果，结合本研究对象和研究课题的特征，对相关文献中的问卷和量表进行适当微调，设计出研究变量的测量维度及相关题项。在完成对变量测量维度及相关题项的设计之后，与专家学者进行咨询沟通，进一步修改问卷，以确保题项具有较高的信度和效度。

整个问卷设计过程中，笔者阅读了大量关于数字经济、数字创新、私域流量、协同管理、价值共创等中外学者的论文和有关方面的书籍，在此基础上对一些头部公司的中高层管理者进行问卷调查。

除了企业的基本信息之外，问卷中的大多数题项采用李克特量表法进行测度，针对Fowler指出的造成数据结构出现偏差的四大原因，采取了以下几个普遍的方法。

（1）由于问卷的内容涉及一些企业比较敏感的问题，答卷人不愿明确答复。针对这种情况，本人会充分告知答卷人关于资料处理过程的保密措施与用途等，并签署参与研究同意书，作为双方共同合作与遵守的约定。

（2）答卷人限制为企业中高层岗位和相应企业的用户，对企业的真实情况有较为全面的了解，这样可以有效避免因不了解企业相关信息而做出主观回答所产生的偏差。

（3）所收集的信息和数据尽量来自最近3年，以避免由于答卷人发生记忆偏差而导致信息失真。

（4）为避免问题可能产生歧义而导致答卷人答非所问，在预测试过程中尽量将这些问题进行调整和备注说明，以最大限度地减少歧义。

（5）为避免同源误差，特别将问卷分为相互隔离的3个部分：企业基本情况为第一部分；数字创新（自变量）、私域流量（自变量）、协同管理（中介变量）、价值共创（因变量）为第二部分；用户体验（调节变量）为第三部分。第一和第二部分由企业具体负责各项业务的企业高层管理人员、部门经理等企业中高层填写，第三部分由该企业的用户填写。用户从该企业后台用户信息库中随机选取，这样可以降低同一个人填写问卷时由于个人倾向和偏差导致的同源误差。

# 第二节 测度变量

为了将研究变量进行量化，并且克服数据获取的困难，本书对数字创新、私域流量、用户体验、协同管理、价值共创 5 个变量进行量表开发，通过问卷调查的方法获取相关分析数据，进行实证分析。问卷测试使用了李克特测试量表，而每个被调查人的态度分数也就是他对各道题的答复所得分值的加总。

## 一、被解释变量

根据现有文献及对价值共创理论的有关概念阐述可以得知，价值共创一般包括制造领域的价值共创和消费领域的价值共创。制造领域的价值共创着重关注企业作为生产者角色参与其中，消费领域的价值共创则是一个全新的价值共创方式，带来的是消费体验增值，包括企业相互单独共创价值、消费者与企业之间相互共享创造价值、企业与消费者之间相互共创价值。

本书参考李翠微（2020）、卜庆娟等（2016）、Yong 等（2016）的研究，对价值共创进行测量。并采用李克特量表的形式，针对价值共创的问题描述按 1~5 进行评分，其中 1 代表非常不赞同、2 代表比较不赞同、3 代表一般、4 代表比较赞同、5 代表非常赞同。价值共创的具体测量题项，如表 5-1 所示。

表 5-1　价值共创测量题项

| 变量 | 维度 | 编号 | 测量题项 |
| --- | --- | --- | --- |
| 价值共创（JZGC） | 人际互动（II） | II1 | 公司能与合作伙伴保持良好且紧密的关系 |
| | | II2 | 公司经常与消费者进行沟通交流等互动活动 |
| | | II3 | 公司与合作伙伴的合作结果令人满意 |
| | 口碑宣传（OS） | OS1 | 企业的产品或服务受到一致好评 |
| | | OS2 | 消费者对公司具有较强的信任感和依赖度 |
| | | OS3 | 消费者会相互推荐公司的产品或服务 |
| | | OS4 | 公司的合作伙伴会推荐公司的产品或服务 |
| | 信息共享（IS） | IS1 | 公司与合作伙伴之间能够相互学习、相互共享信息 |
| | | IS2 | 公司和合作伙伴有意向进行二次合作或已进行二次合作 |
| | | IS3 | 用户之间经常谈论公司的产品或服务 |

## 二、解释变量

由前述文献可知，数字创新是指创新过程中利用资讯、计算、沟通和连接技术的组合，并以此创造出新产品、改善制造流程、变革组织模式、创建和改变商业模式等。

私域流量的终极目的是根据商品或服务的目标群体，进行最精确的投放与维护，从而形成与这些目标群体间的信任感。私域流量的构建应该做到以下四点：一是把流量（用户）攥在自己手里；二是不要做"伪私域流量"；三是"精准标签"找到用户的同类；四是私域流量用户的精准运营。

本书参考孙洁（2021）、闫俊周等（2021）、柳卸林等（2020）、Benitez等（2018）、Nambisan（2017）、Yoo等（2012）的研究，对数字创新进行测量；参考付蕾（2021）、翟趁华（2021）等的研究，对私域流量进行测量。并采用李克特量表的形式，针对数字创新和私域流量的问题描述按1~5进行评分，其中1代表非常不赞同、2代表比较不赞同、3代表一般、4代表比较赞同、5代表非常赞同。数字创新和私域流量的具体测量题项，如表5-2所示。

表 5-2 数字创新和私域流量测量题项

| 变量 | 维度 | 编号 | 测量题项 |
|---|---|---|---|
| 数字创新（SZCX） | 数字技术（DT） | DT1 | 数字技术使得公司内部的技术手段及服务更加趋向于高精尖 |
| | | DT2 | 数字技术使得公司的创新活动更好地跨地域、跨产业进行 |
| | | DT3 | 数字技术使得公司的创新产品持续迭代更新 |
| | 创新产出（IO） | IO1 | 公司产品能满足市场的创新需求，与市场需求匹配 |
| | | IO2 | 公司产品数字创新的投入产出比较高 |
| | | IO3 | 与竞争对手相比，公司的产品创新性更强 |
| | 创新过程（IP） | IP1 | 公司制定了完善的数字创新战略 |
| | | IP2 | 公司采取创新管理工具支持其数字创新 |
| | | IP3 | 公司为应对数字创新过程中的突发状况而做了充分准备，如数字基础设施、外部帮助、透明化的支出制度、创新人才储备等 |
| 私域流量（SYLL） | 私域搭建（PC） | PC1 | 公司拥有稳定的客户群体和私域客户获取渠道 |
| | | PC2 | 公司重视私域客户关系维护，提高客户消费便利性 |
| | | PC3 | 公司能够较好地满足市场消费者多样化、多层次的需求 |
| | 私域流量表现（PS） | PS1 | 公司具备完善的衡量私域绩效的体系 |
| | | PS2 | 与其他竞争对手相比，公司的私域客户黏性更高 |
| | | PS3 | 公司具有较好的管控来自私域风险的能力 |
| | 私域创收（PR） | PR1 | 公司在私域流量方面的投入产出比较高 |
| | | PR2 | 私域流量能够为公司降低营销与获客成本 |
| | | PR3 | 私域流量使得公司的收益获取更具稳定性 |
| | | PR4 | 私域流量使得公司提高与客户深度交互和持续服务的能力 |

### 三、中介变量

从已有的文献中可知,协同管理是通过对局部力量合理的排列、组合,来完成某项工作和项目。本书参考蔡小龙(2023)、涂海海(2022)等的研究,对协同管理进行测量。并采用李克特量表的形式,针对协同管理的问题描述按1~5进行评分,其中1代表非常不赞同、2代表比较不赞同、3代表一般、4代表比较赞同、5代表非常赞同。协同管理的具体测量题项,如表5-3所示。

表5-3 协同管理测量题项

| 变量 | 维度 | 编号 | 测量题项 |
| --- | --- | --- | --- |
| 协同管理(XTGL) | 协同管理方式(MW) | MW1 | 与其他竞争对手相比,公司具备跨专业、跨团队协同管理方式 |
|  |  | MW2 | 公司管理层会适时对现行方案和政策进行调整,以实现团队目标 |
|  |  | MW3 | 公司的管理方式能起到较好的管理协同效果 |
|  | 协同管理理念(MT) | MT1 | 公司管理层具有较强的多专业、多领域协同理念 |
|  |  | MT2 | 公司管理层一直持续不断地学习和发展,管理理念与时俱进 |
|  |  | MT3 | 公司管理层营造出一种积极的团队氛围,能够激励团队成员创新 |
|  | 协同管理效率(ME) | ME1 | 通过协同管理,公司有效提高内外部信息的协同效率 |
|  |  | ME2 | 通过协同管理,公司有效提高组织结构的协同效率 |
|  |  | ME3 | 通过协同管理,公司有效提高内部所有成员资源的协同效率 |

## 四、调节变量

用户体验定义为人们在产品、系统、服务的使用或者期望使用过程中产生的感受、回馈以及由此而形成的心理层面的整体认知印象。

本书参考金铭（2022）、Rio（2001）等的研究，对用户体验进行测量。并采用李克特量表的形式，针对用户体验的问题描述按1~5进行评分，其中1代表非常不赞同、2代表比较不赞同、3代表一般、4代表比较赞同、5代表非常赞同。用户体验的具体测量题项，如表5-4所示。

表5-4 用户体验测量题项

| 变量 | 维度 | 编号 | 测量题项 |
| --- | --- | --- | --- |
| 用户体验（YHTY） | 使用体验（UE） | UE1 | 公司产品或服务的视觉体验受到较多用户的欢迎 |
| | | UE2 | 公司产品或服务的用户功能体验较为完整，并且操作友好 |
| | | UE3 | 公司产品或服务的内容体验让用户感受到足够专业，具备多样性 |
| | 用户满意度（US） | US1 | 公司的产品或服务能满足用户的期望型需求 |
| | | US2 | 公司的产品或服务能得到较多的好评 |
| | | US3 | 公司能及时处理用户的意见及建议 |
| | | US4 | 公司的产品或服务用户能带来新的用户，向有需求的朋友和亲人推荐公司产品或服务 |
| | 品牌影响力（BI） | BI1 | 用户很大程度上会因为公司品牌知名度较高，而强化其体验 |
| | | BI2 | 用户很大程度上会因为对公司所宣扬的文化、理念等的认可度较高，而增强其体验 |
| | | BI3 | 用户认为他们与公司其他用户之间存在很多共同点 |

## 第三节　数据收集

为了确保实证研究结论的准确性，本研究的问卷在发放对象的选择、企业分布区域的选择、问卷发放渠道的选择等方面都严格遵循客观、均衡、多样的原则，以最大限度地减少产生误差的干扰因素，提高获取数据的质量。

由于本书研究的是我国受数字创新影响的头部公司的价值共创问题，所以在发放区域上，选择经济较为发达的北京市、长三角和珠三角地区的省份，选取同类型公司中总体发展较好的公司，它们拥有较强的市场地位，多数企业的业务遍布全国，可以降低由于社会经济发展不均衡造成的对数据统计分析的影响。发放对象主要是头部公司的中高层管理者及其用户，对中高层管理者的职位要求为企业的战略管理者和负责财务的管理者，以确保问卷的回答者对企业有较全面和深刻的认识。

发放渠道主要有两个：一个是利用本人在行业里的人脉对这些头部公司的中高层管理者及其用户发放问卷；一个是利用MBA和DBA同学圈对这些头部公司的中高层管理者及其用户发放问卷。本研究采取通过网络发放问卷的方式，利用腾讯调查来收集问卷，直接将网址发给符合条件的国内头部公司，填写者通过微信直接在网上进行问卷填写，提交后问卷结果会直接保存在服务器中。但由于问卷的内容比较专业，因此收集的问卷完整性和有效性十分有限。在进行问卷设计中，首先要防止问卷涉及的隐私问题，要保证涉及的信息只能用作学术研究而不能用作商业用途，同时承诺采用不记名的方式回收数据。

借鉴 Armstrong 等的方法检验样本的无回应偏差。结果显示，未经催收的样本回复问卷与催收样本的回复问卷不存在显著性的差异。因此，样本不存在无回应偏差。本次调查对管理人员共发放 400 份问卷，回收 396 份，有效问卷 366 份，回收率为 99%，有效率为 91.5%。本次用户体验调查与其他变量调查捆绑，在相同区域的相关企业（58 家）后台导出用户信息发放问卷，共发放 2000 份问卷，回收 1892 份，有效问卷 1832 份，回收率为 94.6%，有效率为 91.6%，具体如表 5-5 所示。

表 5-5　问卷发放及回收情况

| 发放方式 | 发放数量 | 回收数量 | 有效数量 | 回收率 | 有效率 |
| --- | --- | --- | --- | --- | --- |
| 直接发放<br>（笔者走访） | 40 | 40 | 40 | 100% | 100% |
| 间接发放<br>（MBA/DBA 课堂） | 60 | 60 | 54 | 100% | 90% |
| 网络发放<br>（委托同事、同学） | 300 | 296 | 272 | 98.7% | 90.7% |
| 合计 | 400 | 396 | 366 | 99% | 91.5% |
| 用户直接发放<br>（通过企业后台用户信息直接发放问卷） | 2000 | 1892 | 1832 | 94.6% | 91.6% |
| 合计 | 2000 | 1892 | 1832 | 94.6% | 91.6% |

# 第四节 分析方法

本研究使用 SPSS 统计软件作为分析工具，采用的方法包括描述性统计分析、变量的信度和效度分析、相关性分析和回归分析等方法。

## 一、描述性统计分析

描述性统计分析是指运用制表和分类、图形以及计算概括性数据来说明数据特征的各项活动。

本研究运用描述性统计分析方法的主要目的是对样本数据进行总体情况分析，分析内容主要包含调查对象所属企业的区域分布、企业性质、企业行业归属、企业人员规模等，用来分析回收的样本数据是否符合研究的要求。

## 二、信度分析

信度又叫可靠性，一般是指问卷的可信程度。信度分析是用来了解和分析量表指标的稳定性和一致性的。

本研究采用测项纯化（CITC 值）和总体信度值（Cronbach's α）来检验量表的信度。如果 CITC 值小于 0.4，将考虑对应项删除处理。总体信度值系数值指标用于判断题项是否应该作删除处理，如果高于总体信度值系数值，将考虑对应项删除处理。总体信度值系数由 Cronbach 创立，信度系数在 0~1

之间。用 α 系数来衡量内部一致性信度。一份量表，它的总量表的 α 系数在 0.8 以上表示信度非常好，在 0.7～0.8 之间，表示稍微修改一下条目也可以接受；它的分量表的 α 系数在 0.7 以上表示可靠性很好，在 0.6～0.7 之间表示还可以接受；如果总量表的 α 系数在 0.8 以下，分量表的 α 系数在 0.6 以下，则说明量表需要重新修订。

### 三、效度分析

效度又叫有效性，一个好的实证分析研究必须建立在高效度的基础上。为了使数据量表的效度较高，测评量表的内容也应该反映衡量数据的内容。对于效度通常从以下两个角度来评价：内容实效性和结构效度。从研究实用性出发，由于本项目的检测量表全部来源于国内研究的检测量表，同时针对自身实际状况进行了适当的修改，所以具有很高的内容效度。

本研究主要运用探索性因子分析（EFA），通过 KMO 和 Barlett 球形检验方法，利用 SPSS 统计软件进行因子分析。其中，主要参考 Kaise 和 Rice（1974）提出的 KMO 指标判断标准来进行判断。

（1）如果 KMO 值在 0.9 以上，表示非常适合做因子分析；
（2）如果 KMO 值在 0.8～0.9 之间，表示很适合做因子分析；
（3）如果 KMO 值在 0.7～0.8 之间，表示适合做因子分析；
（4）如果 KMO 值在 0.6～0.7 之间，表示不太适合做因子分析；
（5）如果 KMO 值在 0.5～0.6 之间，表示很勉强做因子分析；
（6）如果 KMO 值小于 0.5，则表示不适合做因子分析。

因子分析中，因子负荷值越大，收敛效度就越高。一般来说，因子负荷值处于 0.5～1 之间，效度即可接受。也就是说，因子负荷要在 0.5 以上才能满足收敛效度的要求。关于收敛效度，可以通过在量表中提取公因子的方法，用因子载荷率表示对量表的相关程度。

## 四、相关性分析

相关性分析是一种用于研究两个或两个以上处于同等地位的变量间相关关系的统计分析方法。

在相关性分析中，本研究主要采用 Pearson 相关系数进行判断。Pearson 相关系数处于 –1 ~ 1 之间，可以是此范围内的任何值。相关系数的绝对值越接近 1，表示两变量的关联程度越强；相关系数的绝对值越接近 0，表示两变量的关联程度越弱。当相关系数大于 0 时，表示两变量之间是正相关关系，此时一个变量随另一个变量的增加而增加；当相关系数小于 0 时，表示两变量之间是负相关关系，此时一个变量随另一个变量的增加而减少。

## 五、多元回归分析

多元回归分析研究的是一个因变量与多个自变量之间的关系。

本书进行多元回归分析是为了研究解释变量、中介变量、调节变量与被解释变量之间的关系，根据回归分析结果，得出各个自变量对目标变量产生的影响，因此，需要求出各个自变量的影响程度。此外，还可以通过比较两个回归模型之间的解释贡献率是否增加或减少，来判断模型的拟合程度。如果一个回归模型的解释贡献值增加，就表明该模型的拟合效果较好。

# 第五节 本章小结

首先，介绍了问卷设计的相关内容，以及量表的开发和设计，并对测量题项设置进行说明。其中，价值共创从人际互动、口碑宣传、品牌影响力三个维度出发，采用9个题项来进行测量；数字创新从数字技术、创新产出、创新过程三个方面出发，采用10个题项进行测量；私域流量从私域搭建、私域流量表现以及私域创收三个维度出发，采用10个题项进行测量；协同管理从协同管理方式、协同管理理念和协同管理效率三个维度出发，采用9个题项进行测量；用户体验从使用体验、用户满意度和品牌影响力三个维度出发，采用10个题项进行测量。

其次，对问卷发放对象的选择、企业分布区域的选择、问卷发放渠道的选择等方面进行介绍。

最后，介绍本书主要用到的数据分析方法，包括描述性统计分析、变量的信度和效度分析、相关性分析、回归分析等。同时，说明了本书在数据收集过程中，针对同源误差、无回应偏差问题所采取的措施。

# 第六章

## 实证研究

## 第一节 描述性统计分析

本次调查问卷发放对象为头部企业的中高层管理者,研究人员主要在征得问卷发放对象同意的前提下发送网址进行问卷调查。问卷内容包括企业所在地区、企业性质、员工人数、成立年限、企业总资产等基本信息。

### 一、企业所在地区

本次调查问卷覆盖范围涉及全国各地大部分头部公司,调查研究对象人数最多的省份是广东、浙江、江苏、北京、山东、上海,合计占比90%,如图6-1所示。

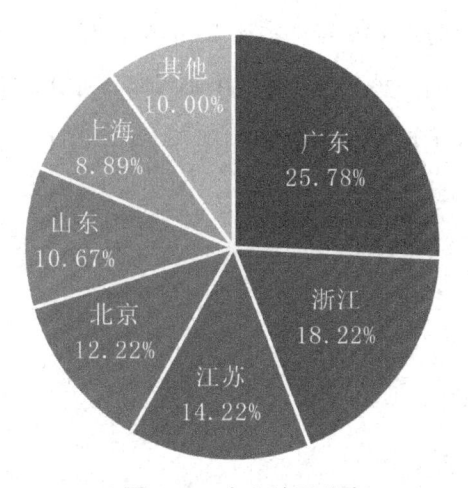

图6-1 企业地区分布

## 二、企业性质

在调查的样本中,所属企业为国有企业的有 31 人,占比 9.66%;所属企业为中外合资企业的有 21 人,占比 6.54%;所属企业为民营企业的有 353 人,占比 78.82%;所属其他类企业的有 16 人,占比 4.98%,如表 6-1 所示。

表 6-1　所属企业性质分布

| 企业性质 | 小计 | 百分比 |
| --- | --- | --- |
| 国有企业 | 31 | 9.66% |
| 中外合资企业 | 21 | 6.54% |
| 民营企业 | 253 | 78.82% |
| 其他 | 16 | 4.98% |
| 合计 | 321 | 100% |

## 三、企业经营年限

在样本中,有 56 人所属企业经营年限为 1~5 年,占比 17.45%;有 88 人所属企业经营年限为 5~10 年,占比 27.41%;有 94 人所属企业经营年限为 10~15 年之间,占比 29.28%;有 60 人所属企业经营年限为 15~20 年,占比 18.69%;有 23 人所属企业经营年限为 20 年以上,占比 7.17%,如图 6-2 所示。

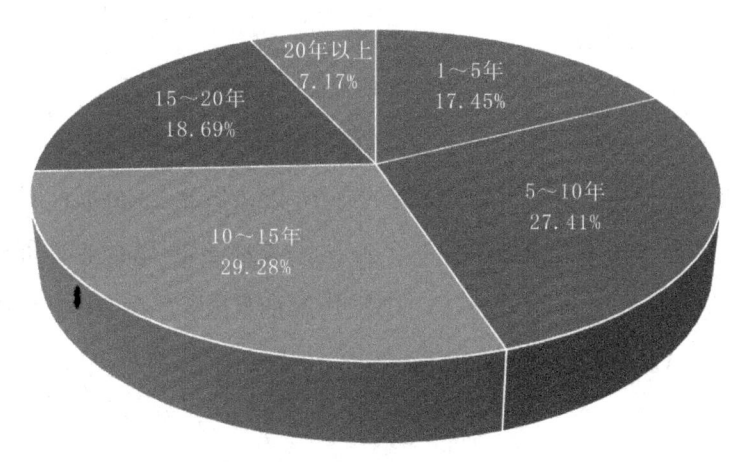

图 6-2 所属企业经营年限

## 四、员工人数

在调查的样本中，13.71% 的受访对象所属企业员工人数在 500 人以下；19.31% 的受访对象所属企业员工人数在 501~1000 人；24.30% 的受访对象所属企业员工人数在 1001~5000 人；28.04% 的受访对象所属企业员工人数在 5001~10000 人；14.64% 的受访对象所属企业员工人数在 10001 人以上，如表 6-2 所示。

表 6-2 所属企业员工规模

| 所属企业员工规模 | 小计 | 百分比 |
| --- | --- | --- |
| 500 人以下 | 44 | 13.71% |
| 501~1000 人 | 62 | 19.31% |
| 1001~5000 人 | 78 | 24.30% |
| 5001~10000 人 | 90 | 28.04% |
| 10001 人以上 | 47 | 14.64% |

## 五、企业总资产

在样本中，所属企业总资产在 1000 万元以下的有 70 人，占比 21.81%；所属企业总资产在 1000 万~1 亿元的有 76 人，占比 23.68%；所属企业总资产在 1 亿~100 亿元的有 89 人，占比 27.72%；所属企业总资产在 100 亿~500 亿元的有 46 人，占比 14.33%；所属企业总资产在 500 亿元以上的有 40 人，占比 12.46%，如图 6-3 所示。

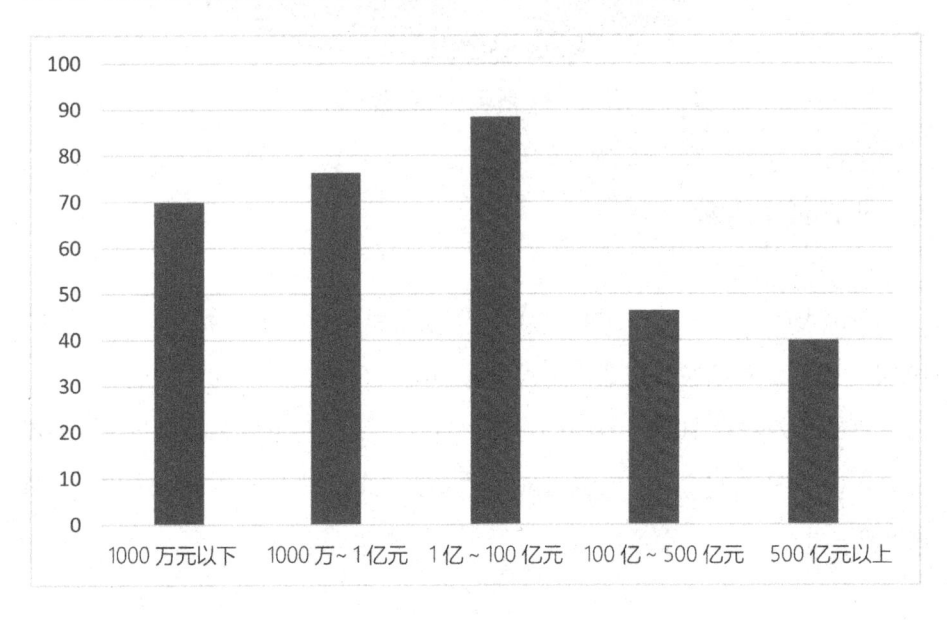

图 6-3　所属企业总资产

## 六、用户体验调查

问卷设计相关企业 58 家后台导出用户，共 2000 份基于自身使用、购买、体验改善，每份用户问卷都有效。

## 第二节 信度与效度检验

在对观察变量进行因子分析前,先对各个变量进行充分性检验,以确保变量测度的题项满足因子分析所必需的条件。在对变量的充分性检验完成并符合因子分析条件的前提下,再对变量进行因子分析。本研究采用主成分法,按照特征值(值)大于1、因子载荷大于0.5作为选择提取因子的标准。下面分别对头部公司数字创新、私域流量、用户体验、协同管理和价值共创这五个变量进行充分性检验和因子分析。

### 一、数字创新

根据量表的设计,本研究将数字创新用 SZCX 表示,其中数字技术、创新产出和创新过程分别用 DT、IO、IP 表示,来对数字创新的信度、效度进行分析。信度的检验结果,如表 6-3 所示。

表 6-3 数字创新信度检验（N=321）

| 变量 | 题项 | 修正后的项与总计相关性 | 删除项后的克隆巴赫 Alpha | 标准化后的 α 系数 |
|---|---|---|---|---|
| 数字创新（SZCX） | DT1 | 0.809 | 0.843 | 0.896 |
| | DT2 | 0.768 | 0.877 | |
| | DT3 | 0.813 | 0.836 | |
| | IO1 | 0.863 | 0.890 | 0.929 |
| | IO2 | 0.857 | 0.895 | |
| | IO3 | 0.844 | 0.906 | |
| | IP1 | 0.698 | 0.869 | 0.870 |
| | IP2 | 0.788 | 0.783 | |
| | IP3 | 0.773 | 0.798 | |

由表 6-3 可知，数字技术的信度系数值为 0.896（大于 0.7），删除项后的克隆巴赫 Alpha 为 0.843、0.877、0.836，均小于标准化后的 α 系数 0.896，并且在删除任意题项后变化幅度大致相同。此外，修正后的项与总计相关性分别为 0.809、0.768、0.813，均大于 0.4，以上数据说明数字技术的信度质量可以接受。创新产出的信度系数值为 0.929（大于 0.7），删除项后的克隆巴赫 Alpha 为 0.890、0.895、0.906，均小于标准化后的 α 系数 0.929，并且在删除任意题项后没有明显变化。此外，修正后的项与总计相关性分别为 0.863、0.857、0.844，均大于 0.4，以上数据说明创新产出的信度质量可以接受。创新过程的信度系数值为 0.870（大于 0.7）。删除项后的克隆巴赫 Alpha 为 0.869、0.783、0.798，均小于标准化后的 α 系数 0.870，并且在删除任意题项后没有明显变化。此外，修正后的项与总计相关性分别为 0.698、0.788、0.773，均大于 0.4，以上数据说明创新过程的信度质量可以接受。

数字创新量表的效度检验是通过三个维度进行因子分析的，分析结果如表 6-4、表 6-5 所示。

表 6-4　数字创新 KMO 和 Bartlett 球形检验（N=321）

| KMO 取样适切性量数 | | 0.784 |
|---|---|---|
| Bartlett 球形度检验 | 近似卡方 | 1955.434 |
| | 自由度 | 36 |
| | 显著性 | 0.000 |

从表 6-4 的检验结果可以看出，数字创新的 KMO 检验结果为 0.784（大于 0.7），Bartlett 球形检验的近似卡方分布为 1955.434，自由度为 36，显著性概率值达到显著水平（p=0.000 < 0.001），表明数据适合进行因子分析。

接着对数字创新量表进行探索性因子分析，如表 6-5 所示。

表 6-5　数字创新探索性因子分析（N=321）

| 成分 | 初始特征值 | | | 提取载荷平方和 | | | 旋转载荷平方和 | | |
|---|---|---|---|---|---|---|---|---|---|
| | 总计 | 方差百分比 % | 累计 % | 总计 | 方差百分比 % | 累计 % | 总计 | 方差百分比 % | 累计 % |
| 1 | 3.597 | 39.965 | 39.965 | 3.597 | 39.965 | 39.965 | 2.639 | 29.321 | 29.321 |
| 2 | 2.660 | 29.551 | 69.516 | 2.660 | 29.551 | 69.516 | 2.476 | 27.512 | 56.833 |
| 3 | 1.259 | 13.986 | 83.502 | 1.259 | 13.986 | 83.502 | 2.400 | 26.669 | 83.502 |
| 4 | 0.413 | 4.585 | 88.087 | | | | | | |
| 5 | 0.271 | 3.014 | 91.101 | | | | | | |
| 6 | 0.239 | 2.655 | 93.756 | | | | | | |
| 7 | 0.223 | 2.478 | 96.234 | | | | | | |
| 8 | 0.175 | 1.949 | 98.182 | | | | | | |
| 9 | 0.164 | 1.818 | 100.000 | | | | | | |

从表 6-6 中可以看出，利用最大方差法旋转后共得到三个公因子，每个公因子下各题项的因子载荷均大于 0.7（大于 0.5），同时两个因子的累计方差贡献率已达到 83.502%，说明量表的效度良好。

表 6-6　数字创新旋转后的成分矩阵 a（N=321）

| 题项 | 成分 1 | 成分 2 | 成分 3 |
|---|---|---|---|
| DT1 |  | 0.893 |  |
| DT2 |  | 0.866 |  |
| DT3 |  | 0.885 |  |
| IO1 | 0.930 |  |  |
| IO2 | 0.931 |  |  |
| IO3 | 0.925 |  |  |
| IP1 |  |  | 0.823 |
| IP2 |  |  | 0.900 |
| IP3 |  |  | 0.891 |

## 二、私域流量

根据量表的设计，本研究将私域流量用 SYLL 表示，其中私域搭建、私域流量表现和私域创收分别用 PC、PS、PR 表示，来对私域流量的信度、效度进行分析。信度的检验结果，如表 6-7 所示。

表 6-7　私域流量信度检验结果（N=321）

| 变量 | 题项 | 修正后的项与总计相关性 | 删除项后的克隆巴赫 Alpha | 标准化后的 α 系数 |
|---|---|---|---|---|
| 私域流量（SYLL） | PC1 | 0.814 | 0.870 | 0.908 |
|  | PC2 | 0.789 | 0.891 |  |
|  | PC3 | 0.847 | 0.843 |  |
|  | PS1 | 0.840 | 0.864 | 0.913 |
|  | PS2 | 0.831 | 0.872 |  |
|  | PS3 | 0.808 | 0.890 |  |
|  | PR1 | 0.689 | 0.853 | 0.872 |
|  | PR2 | 0.810 | 0.803 |  |
|  | PR3 | 0.771 | 0.820 |  |
|  | PR4 | 0.646 | 0.868 |  |

## 第六章 实证研究

由表 6-7 可知，私域搭建的信度系数值为 0.908（大于 0.7），删除项后的克隆巴赫 Alpha 为 0.870、0.891、0.843，均小于标准化后的 α 系数 0.908，并且在删除任意题项后变化幅度大致相同。此外，修正后的项与总计相关性分别为 0.814、0.789、0.847，均大于 0.4，以上数据说明私域搭建的信度质量可以接受。私域流量表现的信度系数值为 0.913（大于 0.7），删除项后的克隆巴赫 Alpha 为 0.864、0.872、0.890，均小于标准化后的 α 系数 0.837，并且在删除任意题项后没有明显变化。此外，修正后的项与总计相关性分别为 0.840、0.831、0.808，均大于 0.4，以上数据说明私域流量表现的信度质量可以接受。私域创收的信度系数值为 0.872（大于 0.7），删除项后的克隆巴赫 Alpha 为 0.853、0.803、0.820、0.868，均小于标准化后的 α 系数 0.872，并且在删除任意题项后没有明显变化。此外，修正后的项与总计相关性分别为 0.689、0.810、0.771、0.646，均大于 0.4，以上数据说明私域创收的信度质量可以接受。

私域流量量表的效度检验是从三个维度进行因子分析的，分析结果如表 6-8、表 6-9 所示。

表 6-8　私域流量 KMO 和 Bartlett 球形检验（N=321）

| KMO 取样适切性量数 | | 0.807 |
|---|---|---|
| Bartlett 球形度检验 | 近似卡方 | 2100.425 |
| | 自由度 | 45 |
| | 显著性 | 0.000 |

从表 6-8 的检验结果可以看出，私域流量的 KMO 检验结果为 0.807（大于 0.70），Bartlett 球形检验的近似卡方分布为 2100.425，自由度为 45，显著性概率值达到显著水平（p=0.000＜0.001），表明数据适合进行因子分析。

接着对私域流量量表进行探索性因子分析，如表 6-9 所示。

表 6-9 私域流量探索性因子分析（N=321）

| 成分 | 初始特征值 | | | 提取载荷平方和 | | | 旋转载荷平方和 | | |
|---|---|---|---|---|---|---|---|---|---|
| | 总计 | 方差百分比 % | 累计 % | 总计 | 方差百分比 % | 累计 % | 总计 | 方差百分比 % | 累计 % |
| 1 | 3.938 | 39.381 | 39.381 | 3.938 | 39.381 | 39.381 | 2.919 | 29.186 | 29.186 |
| 2 | 2.737 | 27.373 | 66.754 | 2.737 | 27.373 | 66.754 | 2.572 | 25.725 | 54.911 |
| 3 | 1.342 | 13.42 | 80.174 | 1.342 | 13.42 | 80.174 | 2.526 | 25.263 | 80.174 |
| 4 | 0.495 | 4.953 | 85.127 | | | | | | |
| 5 | 0.39 | 3.905 | 89.032 | | | | | | |
| 6 | 0.277 | 2.771 | 91.803 | | | | | | |
| 7 | 0.249 | 2.485 | 94.288 | | | | | | |
| 8 | 0.225 | 2.255 | 96.543 | | | | | | |
| 9 | 0.183 | 1.83 | 98.373 | | | | | | |
| 10 | 0.163 | 1.627 | 100.000 | | | | | | |

从表6-10中可以看出，利用最大方差法旋转后共得到三个公因子，每个公因子下各题项的因子载荷均大于0.7（大于0.5），同时两个因子的累计方差贡献率已达到80.174%，说明量表的效度良好。

表 6-10 私域流量旋转后的成分矩阵 a（N=321）

| 题项 | 成分 | | |
|---|---|---|---|
| | 1 | 2 | 3 |
| PC1 | | | 0.891 |
| PC2 | | | 0.868 |
| PC3 | | | 0.901 |
| PS1 | | 0.925 | |
| PS2 | | 0.920 | |
| PS3 | | 0.899 | |
| PR1 | 0.792 | | |
| PR2 | 0.890 | | |
| PR3 | 0.859 | | |
| PR4 | 0.798 | | |

## 三、用户体验

根据量表的设计，本研究将用户体验用 YHTY 表示，其中使用体验、用户满意度和品牌影响力分别用 UE、US、BI 表示，来对用户体验的信度、效度进行分析。信度的检验结果，如表 6-11 所示。

表 6-11  用户体验信度检验结果（N=321）

| 变量 | 题项 | 修正后的项与总计相关性 | 删除项后的克隆巴赫 Alpha | 标准化后的 α 系数 |
|---|---|---|---|---|
| 用户体验（YHTY） | UE1 | 0.861 | 0.892 | 0.929 |
|  | UE2 | 0.862 | 0.892 |  |
|  | UE3 | 0.841 | 0.909 |  |
|  | US1 | 0.683 | 0.8888 | 0.8889 |
|  | US2 | 0.788 | 0.846 |  |
|  | US3 | 0.843 | 0.826 |  |
|  | US4 | 0.727 | 0.869 |  |
|  | BI1 | 0.820 | 0.888 | 0.916 |
|  | BI2 | 0.818 | 0.890 |  |
|  | BI3 | 0.855 | 0.859 |  |

由表 6-11 可知，使用体验的信度系数值为 0.929（大于 0.7），删除项后的克隆巴赫 Alpha 为 0.892、0.892、0.909，均小于标准化后的 α 系数 0.929，并且在删除任意题项后没有明显变化。此外，修正后的项与总计相关性分别为 0.861、0.862、0.841，均大于 0.4，以上数据说明使用体验的信度质量可以接受。用户满意度的信度系数值为 0.8889（大于 0.7），删除项后的克隆巴赫 Alpha 为 0.8888、0.846、0.826、0.869，均小于标准化后的 α 系数 0.8889，并

且在删除任意题项后没有明显变化。此外，修正后的项与总计相关性分别为 0.683、0.788、0.843、0.727，均大于 0.4，以上数据说明私域客户关系的信度质量可以接受。品牌影响力的信度系数值为 0.916（大于 0.7），删除项后的克隆巴赫 Alpha 为 0.888、0.890、0.859，均小于标准化后的 α 系数 0.916，并且在删除任意题项后没有明显变化。此外，修正后的项与总计相关性分别为 0.820、0.718、0.855，均大于 0.4，以上数据说明品牌影响力的信度质量可以接受。

用户体验量表的效度检验是从三个维度进行因子分析的，分析结果如表 6-12、表 6-13 所示。

表 6-12　用户体验 KMO 和 Bartlett 球形检验（N=321）

| KMO 取样适切性量数 | | 0.776 |
|---|---|---|
| Bartlett 球形度检验 | 近似卡方 | 2298.627 |
| | 自由度 | 45 |
| | 显著性 | 0.000 |

从表 6-12 的检验结果可以看出，用户体验的 KMO 检验结果为 0.776（大于 0.7），Bartlett 球形检验的近似卡方分布为 2298.627，自由度为 45，显著性概率值达到显著水平（$p=0.000 < 0.001$），表明数据适合进行因子分析。

接着对用户体验量表进行探索性因子分析，如表 6-13 所示。

表 6-13　用户体验探索性因子分析（N=321）

| 成分 | 初始特征值 总计 | 方差百分比 % | 累计 % | 提取载荷平方和 总计 | 方差百分比 % | 累计 % | 旋转载荷平方和 总计 | 方差百分比 % | 累计 % |
| --- | --- | --- | --- | --- | --- | --- | --- | --- | --- |
| 1 | 3.541 | 35.408 | 35.408 | 3.541 | 35.408 | 35.408 | 3.028 | 30.283 | 30.283 |
| 2 | 2.79 | 27.903 | 63.311 | 2.79 | 27.903 | 63.311 | 2.633 | 26.329 | 56.612 |
| 3 | 1.903 | 19.032 | 82.343 | 1.903 | 19.032 | 82.343 | 2.573 | 25.731 | 82.343 |
| 4 | 0.484 | 4.843 | 87.186 | | | | | | |
| 5 | 0.321 | 3.211 | 90.398 | | | | | | |
| 6 | 0.254 | 2.537 | 92.935 | | | | | | |
| 7 | 0.221 | 2.212 | 95.146 | | | | | | |
| 8 | 0.171 | 1.712 | 96.859 | | | | | | |
| 9 | 0.167 | 1.667 | 98.526 | | | | | | |
| 10 | 0.147 | 1.474 | 100.000 | | | | | | |

从表 6-14 中可以看出，利用最大方差法旋转后共得到三个公因子，每个公因子下各题项的因子载荷均大于 0.7（大于 0.5），同时两个因子的累计方差贡献率已达到 82.343%，说明量表的效度良好。

表 6-14　用户体验旋转后的成分矩阵 a（N=321）

| 题项 | 成分 1 | 成分 2 | 成分 3 |
| --- | --- | --- | --- |
| UE1 | | 0.934 | |
| UE2 | | 0.933 | |
| UE3 | | 0.925 | |
| US1 | 0.802 | | |
| US2 | 0.887 | | |
| US3 | 0.921 | | |
| US4 | 0.848 | | |
| BI1 | | | 0.917 |
| BI2 | | | 0.904 |
| BI3 | | | 0.923 |

## 四、协同管理

根据量表的设计,本研究将协同管理用 XTGL 表示,其中协同管理方式、协同管理理念和协同管理效率分别用 MW、MT、ME 表示,来对协同管理的信度效度进行分析。信度的检验结果,如表 6-15 所示。

表 6-15　协同管理信度检验（N=321）

| 变量 | 题项 | 修正后的项与总计相关性 | 删除项后的克隆巴赫 Alpha | 标准化后的 α 系数 |
|---|---|---|---|---|
| 协同管理（XTGL） | MW1 | 0.814 | 0.877 | 0.911 |
|  | MW2 | 0.824 | 0.870 |  |
|  | MW3 | 0.826 | 0.868 |  |
|  | MT1 | 0.836 | 0.866 | 0.913 |
|  | MT2 | 0.802 | 0.895 |  |
|  | MT3 | 0.839 | 0.863 |  |
|  | ME1 | 0.742 | 0.873 | 0.888 |
|  | ME2 | 0.855 | 0.774 |  |
|  | ME3 | 0.747 | 0.869 |  |

由表 6-15 可知,协同管理方式的信度系数值为 0.911（大于 0.7）,删除项后的克隆巴赫 Alpha 为 0.877、0.870、0.868,均小于标准化后的 α 系数 0.911,并且在删除任意题项后没有明显变化。此外,修正后的项与总计相关性分别为 0.814、0.824、0.826,均大于 0.4,以上数据说明协同管理方式的信度质量可以接受。协同管理理念的信度系数值为 0.913（大于 0.7）,删除项后的克隆巴赫 Alpha 为 0.866、0.895、0.863,均小于标准化后的 α 系数 0.913,并且在删除任意题项后没有明显变化。此外,修正后的项与总计相关性分别为 0.836、0.802、0.839,均大于 0.4,以上数据说明协同管理理念的信度质量可以接受。协同管理效率的信度系数值为 0.888（大于 0.7）,删除项后的克隆巴赫 Alpha 为 0.873、0.774、0.869,均小于标准化后的 α 系数 0.888,并

且在删除任意题项后没有明显变化。此外，修正后的项与总计相关性分别为 0.742、0.855、0.747，均大于 0.4，以上数据说明协同管理效率的信度质量可以接受。

协同管理量表的效度检验是从三个维度进行因子分析的，分析结果如表 6-16、表 6-17 所示。

表 6-16 协同管理 KMO 和 Bartlett 球形检验（N=321）

| KMO 取样适切性量数 | | 0.776 |
|---|---|---|
| Bartlett 球形度检验 | 近似卡方 | 1999.670 |
| | 自由度 | 36 |
| | 显著性 | 0.000 |

从表 6-16 的检验结果可以看出，协同管理的 KMO 检验结果为 0.776（大于 0.7），Bartlett 球形检验的近似卡方分布为 1999.670，自由度为 36，显著性概率值达到显著水平（p=0.000 < 0.001），表明数据适合进行因子分析。

接着对协同管理量表进行探索性因子分析，如表 6-17 所示。

表 6-17 协同管理探索性因子分析（N=321）

| 成分 | 初始特征值 | | | 提取载荷平方和 | | | 旋转载荷平方和 | | |
|---|---|---|---|---|---|---|---|---|---|
| | 总计 | 方差百分比 % | 累计 % | 总计 | 方差百分比 % | 累计 % | 总计 | 方差百分比 % | 累计 % |
| 1 | 3.573 | 39.702 | 39.702 | 3.573 | 39.702 | 39.702 | 2.564 | 28.490 | 28.490 |
| 2 | 2.649 | 29.435 | 69.137 | 2.649 | 29.435 | 69.137 | 2.536 | 28.179 | 56.669 |
| 3 | 1.369 | 15.210 | 84.347 | 1.369 | 15.210 | 84.347 | 2.491 | 27.678 | 84.347 |
| 4 | 0.356 | 3.954 | 88.301 | | | | | | |
| 5 | 0.273 | 3.030 | 91.331 | | | | | | |
| 6 | 0.236 | 2.618 | 93.949 | | | | | | |
| 7 | 0.201 | 2.237 | 96.186 | | | | | | |
| 8 | 0.176 | 1.959 | 98.146 | | | | | | |
| 9 | 0.167 | 1.854 | 100.000 | | | | | | |

从表 6-18 中可以看出，利用最大方差法旋转后共得到三个公因子，每个公因子下各题项的因子载荷均大于 0.7（大于 0.5），同时两个因子的累计方差贡献率已达到 84.347%，说明量表的效度良好。

表 6-18　协同管理旋转后的成分矩阵 a（N=321）

| 题项 | 成分 1 | 成分 2 | 成分 3 |
| --- | --- | --- | --- |
| MW1 |  | 0.899 |  |
| MW2 |  | 0.894 |  |
| MW3 |  | 0.896 |  |
| MT1 | 0.924 |  |  |
| MT2 | 0.901 |  |  |
| MT3 | 0.919 |  |  |
| ME1 |  |  | 0.878 |
| ME2 |  |  | 0.936 |
| ME3 |  |  | 0.864 |

## 五、价值共创

根据量表的设计，本研究将价值共创用 JZGC 表示，其中人际互动、口碑宣传、信息共享分别用 II、OS、IS 表示，来对价值共创的信度、效度进行分析。信度的检验结果，如表 6-19 所示。

表 6-19  价值共创信度检验结果（N=321）

| 变量 | 题项 | 修正后的项与总计相关性 | 删除项后的克隆巴赫 Alpha | 标准化后的 α 系数 |
|---|---|---|---|---|
| 价值共创（JZGC） | II1 | 0.809 | 0.843 | 0.896 |
| | II2 | 0.768 | 0.877 | |
| | II3 | 0.813 | 0.836 | |
| | OS1 | 0.868 | 0.913 | 0.938 |
| | OS2 | 0.868 | 0.914 | |
| | OS3 | 0.854 | 0.918 | |
| | OS4 | 0.819 | 0.929 | |
| | IS1 | 0.745 | 0.873 | 0.888 |
| | IS2 | 0.853 | 0.778 | |
| | IS3 | 0.749 | 0.869 | |

由表 6-19 可知，人际互动的信度系数值为 0.896（大于 0.7），删除项后的克隆巴赫 Alpha 为 0.843、0.877、0.836，均小于标准化后的 α 系数 0.896，并且在删除任意题项后没有明显变化。此外，修正后的项与总计相关性分别为 0.809、0.768、0.813，均大于 0.4，以上数据说明人际互动的信度质量可以接受。口碑宣传的信度系数值为 0.938（大于 0.7），删除项后的克隆巴赫 Alpha 为 0.913、0.914、0.918、0.929，均小于标准化后的 α 系数 0.938，并且在删除任意题项后没有明显变化。此外，修正后的项与总计相关性分别为 0.868、0.868、0.833、0.854、0.819，均大于 0.4，以上数据说明口碑宣传的信度质量可以接受。信息共享的信度系数值为 0.888（大于 0.7），删除项后的克隆巴赫 Alpha 为 0.873、0.778、0.869，均小于标准化后的 α 系数 0.888，并且在删除任意题项后没有明显变化。此外，修正后的项与总计相关性分别为 0.745、0.853、0.749，均大于 0.4，以上数据说明信息共享的信度质量可以接受。

价值共创量表的效度检验是从两个维度进行因子分析的，分析结果如表 6-20、表 6-21 所示。

表 6-20　价值共创 KMO 和 Bartlett 球形检验（N=321）

| KMO 取样适切性量数 | | 0.814 |
|---|---|---|
| Bartlett 球形度检验 | 近似卡方 | 2380.359 |
| | 自由度 | 45 |
| | 显著性 | 0.000 |

从表 6-20 的检验结果可以看出，数字创新的 KMO 检验结果为 0.814（大于 0.7），Bartlett 球形检验的近似卡方分布为 2380.359，自由度为 45，显著性概率值达到显著水平（p=0.000 < 0.001），表明数据适合进行因子分析。

接着对价值共创量表进行探索性因子分析，如表 6-21 所示。

表 6-21　价值共创探索性因子分析（N=321）

| 成分 | 初始特征值 | | | 提取载荷平方和 | | | 旋转载荷平方和 | | |
|---|---|---|---|---|---|---|---|---|---|
| | 总计 | 方差百分比 % | 累计 % | 总计 | 方差百分比 % | 累计 % | 总计 | 方差百分比 % | 累计 % |
| 1 | 3.987 | 39.869 | 39.869 | 3.987 | 39.869 | 39.869 | 3.373 | 33.729 | 33.729 |
| 2 | 2.995 | 29.947 | 69.815 | 2.995 | 29.947 | 69.815 | 2.485 | 24.851 | 58.580 |
| 3 | 1.340 | 13.399 | 83.214 | 1.340 | 13.399 | 83.214 | 2.463 | 24.634 | 83.214 |
| 4 | 0.368 | 3.676 | 86.891 | | | | | | |
| 5 | 0.297 | 2.971 | 89.862 | | | | | | |
| 6 | 0.251 | 2.515 | 92.377 | | | | | | |
| 7 | 0.241 | 2.409 | 94.786 | | | | | | |
| 8 | 0.205 | 2.051 | 96.837 | | | | | | |
| 9 | 0.180 | 1.796 | 98.633 | | | | | | |
| 10 | 0.137 | 1.367 | 100.000 | | | | | | |

从表 6-22 中可以看出，利用最大方差法旋转后共得到三个公因子，每个公因子下各题项的因子载荷均大于 0.7（大于 0.5），同时两个因子的累计方差贡献率已达到 83.214%，说明量表的效度良好。

表 6-22　价值共创旋转后的成分矩阵 a（N=321）

| 题项 | 成分 1 | 成分 2 | 成分 3 |
| --- | --- | --- | --- |
| II1 | 0.138 | 0.892 | 0.171 |
| II2 | 0.128 | 0.861 | 0.203 |
| II3 | 0.161 | 0.890 | 0.169 |
| OS1 | 0.918 | 0.129 | −0.04 |
| OS2 | 0.923 | 0.098 | −0.012 |
| OS3 | 0.915 | 0.100 | −0.022 |
| OS4 | 0.881 | 0.167 | −0.019 |
| IS1 | −0.013 | 0.136 | 0.878 |
| IS2 | −0.026 | 0.181 | 0.922 |
| IS3 | −0.049 | 0.203 | 0.860 |

## 第三节　相关性分析

相关分析呈现出显著性程度一般数字在 0~1 之间，关系的紧密程度可直接看相关系数大小，当相关系数值小于 0.2 时，说明关系较弱，但依然有相关关系。

表 6-23　变量之间的相关性分析（N=321）

| 变量 | | 数字创新 | 私域流量 | 价值共创 | 协同管理 | 用户体验 |
|---|---|---|---|---|---|---|
| 数字创新 | 皮尔逊相关性 | 1 | | | | |
| | 显著性（双尾） | | | | | |
| 私域流量 | 皮尔逊相关性 | 0.974** | 1 | | | |
| | 显著性（双尾） | 0.000 | | | | |
| 价值共创 | 皮尔逊相关性 | 0.886** | 0.873** | 1 | | |
| | 显著性（双尾） | 0.000 | 0.000 | | | |
| 协同管理 | 皮尔逊相关性 | 0.900** | 0.885** | 0.873** | 1 | |
| | 显著性（双尾） | 0.000 | 0.000 | 0.000 | | |
| 用户体验 | 皮尔逊相关性 | 0.786** | 0.769** | 0.709** | 0.704** | 1 |
| | 显著性（双尾） | 0.000 | 0.000 | 0.000 | 0.000 | |

注：** 表示在 0.01 级别（双尾），相关性显著。

由表 6-23 可知，数字创新与协同管理具有显著的相关关系，相关系数为 0.900；私域流量与协同管理具有显著的相关关系，相关系数为 0.885；数字创新与价值共创具有显著的相关关系，相关系数为 0.886；私域流量与价值共创具有显著的相关关系，相关系数为 0.873；用户体验与数字创新具有显著的相关关系，相关系数为 0.786；用户体验与私域流量具有显著的相关关系，相关系数为 0.769；用户体验与价值共创具有显著的相关关系，相关系数为 0.709；用户体验与协同管理具有显著的相关关系，相关系数为 0.704；协同管理与价值共创具有显著的相关关系，相关系数为 0.873。上述数据表明，各变量之间都具有一定的线性相关程度，为进一步研究各变量间的因果关系，我们还将进一步做回归研究。

# 第四节 回归分析

本研究是在理论基础之上建立理论模型,并对模型进行回归分析,如果回归分析结果显示 $p < 0.05$,则说明变量间有影响关系。通常需要看以下几个指标:$R^2$ 的值在 0~1 之间,数值越接近 1 越好,表明方程模型拟合度高,同时 VIF 值代表方差膨胀因子,所有的 VIF 值均需小于 10,相对严格的标准是小于 5,则表明回归模型不存在多重共线性。

## 一、数字创新与价值共创的关系

将数字创新(SZCX)的数字技术(DT)、创新产出(IO)、创新过程(IP)这三个维度作为自变量,而将价值共创(JZGC)作为因变量进行线性回归分析,如表 6-24 所示。

表 6-24 数字创新与价值共创线性回归(N=321)

| 题项 | 未标准化系数 B | 标准误差 | 标准化系数 β | t | 显著性 | VIF | $R^2$ | 调整后 $R^2$ | F |
|---|---|---|---|---|---|---|---|---|---|
| (常量) | 0.475 | 0.101 |  | 4.686 | 0.000 |  |  |  |  |
| DT | 0.295 | 0.021 | 0.407 | 13.907 | 0.000 | 1.303 | 0.792 | 0.790 | 401.363 |
| IO | 0.329 | 0.017 | 0.505 | 18.877 | 0.000 | 1.088 |  |  |  |
| IP | 0.257 | 0.018 | 0.396 | 13.927 | 0.000 | 1.230 |  |  |  |
| 因变量:价值共创 ||||||||||

由表 6-24 可知，数字创新的三个维度可以解释价值共创（模型 R2=0.790）79.0% 的变化原因。显著性 p=0.000＜0.05，VIF 值都小于 5，表明模型不存在多重共线性。数字创新的三个维度对价值共创产生影响的模型公式为：价值共创 =0.475+0.295* 数字技术 +0.329* 创新产出 +0.257* 创新过程。

由此可知：数字创新的数字技术（DT）对价值共创（JZGC）的回归显著（β=0.407，p＜0.05），数字创新的数字技术对价值共创在 1% 显著性水平上具有正向影响作用，假设 H1a 成立。

数字创新的创新产出（IO）对价值共创（JZGC）的回归显著（β=0.505，p＜0.05），两者间有显著的正向影响关系，假设 H1b 成立。

数字创新的创新过程（IP）对价值共创（JZGC）的回归显著（β=0.396，p＜0.05），两者间有显著的正向影响关系，假设 H1c 成立。

## 二、私域流量与价值共创的关系

将私域流量（SYLL）的私域搭建（PC）、私域流量表现（PS）、私域创收（PR）这三个维度作为自变量，而将价值共创（JZGC）作为因变量进行线性回归分析，如表 6-25 所示。

表 6-25　私域流量与价值共创线性回归（N=321）

| 题项 | 未标准化系数 B | 标准误差 | 标准化系数 β | t | 显著性 | VIF | $R^2$ | 调整后 $R^2$ | F |
| --- | --- | --- | --- | --- | --- | --- | --- | --- | --- |
| （常量） | 0.479 | 0.102 |  | 4.718 | 0.000 |  |  |  |  |
| PC | 0.280 | 0.021 | 0.396 | 13.468 | 0.000 | 1.313 |  |  |  |
| PS | 0.338 | 0.018 | 0.507 | 18.800 | 0.000 | 1.105 | 0.791 | 0.789 | 399.781 |
| PR | 0.266 | 0.019 | 0.396 | 13.952 | 0.000 | 1.220 |  |  |  |
| 因变量：价值共创 ||||||||||

由表 6-25 可知，私域流量的三个维度可以解释价值共创（模型 $R^2$=0.789）78.9% 的变化原因。p=0.000＜0.05，VIF 值都小于 5，表明模型不存在多重共线性。私域流量的三个维度对价值共创产生影响的模型公式为：价值共创 =0.479+0.280* 私域搭建 +0.338* 私域流量表现 +0.266* 私域创收。

由此可知：私域流量的私域搭建（PC）对价值共创（JZGC）的回归显著（β=0.396，p＜0.05），两者间具有显著的正向影响关系，假设 H2a 成立。

私域流量的私域流量表现（PS）对价值共创（JZGC）的回归显著（β=0.507，p＜0.05），两者间具有显著的正向影响关系，假设 H2b 成立。

私域流量的私域创收（PR）对价值共创（JZGC）的回归显著（β=0.396，p＜0.05），两者间具有显著的正向影响关系，假设 H2c 成立。

### 三、数字创新与协同管理的关系

将数字创新（SZCX）的数字技术（DT）、创新产出（IO）、创新过程（IP）这三个维度作为自变量，而将协同管理（XTGL）作为因变量进行线性回归分析，如表 6-26 所示。

表 6-26　数字创新与协同管理线性回归（N=321）

| 题项 | 未标准化系数 B | 标准误差 | 标准化系数 β | t | 显著性 | VIF | $R^2$ | 调整后 $R^2$ | F |
|---|---|---|---|---|---|---|---|---|---|
| （常量） | 0.493 | 0.094 |  | 5.214 | 0.000 |  | 0.815 | 0.813 | 463.664 |
| DT | 0.348 | 0.020 | 0.484 | 17.475 | 0.000 | 1.310 |  |  |  |
| IO | 0.278 | 0.016 | 0.431 | 17.091 | 0.000 | 1.084 |  |  |  |
| IP | 0.250 | 0.017 | 0.389 | 14.428 | 0.000 | 1.238 |  |  |  |
| 因变量：协同管理 ||||||||||

由表 6-26 可知，数字创新的三个维度可以解释协同管理（模型

$R^2$=0.813）81.3% 的变化原因。p=0.000＜0.05，VIF 值都小于 5，表明模型不存在多重共线性。数字创新的三个维度对协同管理产生影响的模型公式为：协同管理 =0.493+0.348* 数字技术 +0.278* 创新产出 +0.250* 创新过程。

由此可知：数字创新的数字技术（DT）对协同管理（XTGL）的回归显著（β=0.484，p＜0.05），两者间具有显著的正向影响关系，假设 H3a 成立。

数字创新的创新产出（IO）对协同管理（XTGL）的回归显著（β=0.431，p＜0.05），两者间显著的正向影响关系，假设 H3b 成立。

数字创新的创新过程（IP）对协同管理（XTGL）的回归显著（β=0.389，p＜0.05），两者间显著的正向影响关系，假设 H3c 成立。

## 四、私域流量与协同管理的关系

将私域流量（SYLL）的私域搭建（PC）、私域流量表现（PS）、私域创收（PR）这三个维度作为自变量，而将协同管理（XTGL）作为因变量进行线性回归分析，如表 6-27 所示。

表 6-27 私域流量与协同管理线性回归（N=321）

| 题项 | 未标准化系数 B | 标准误差 | 标准化系数 β | t | 显著性 | VIF | $R^2$ | 调整后 $R^2$ | F |
|---|---|---|---|---|---|---|---|---|---|
| （常量） | 0.522 | 0.098 |  | 5.348 | 0.000 |  | 0.803 | 0.801 | 428.602 |
| PC | 0.318 | 0.02 | 0.455 | 15.857 | 0.000 | 1.321 |  |  |  |
| PS | 0.292 | 0.017 | 0.442 | 16.876 | 0.000 | 1.100 |  |  |  |
| PR | 0.263 | 0.019 | 0.393 | 14.196 | 0.000 | 1.230 |  |  |  |
| 因变量：协同管理 |

由表 6-27 可知，私域流量的三个维度可以解释协同管理（模型 $R^2$=0.801）80.1% 的变化原因。p=0.000＜0.05，VIF 值都小于 5，表明模型

不存在多重共线性。私域流量的三个维度对协同管理产生影响的模型公式为：

协同管理 =0.522+0.318* 私域搭建 +0.292* 私域流量表现 +0.263* 私域创收。

由此可知：私域流量的私域搭建（PC）对协同管理（XTGL）的回归显著（β=0.455，p<0.05），两者间具有显著的正向影响关系，假设H4a成立。

私域流量的私域流量表现（PS）对协同管理（XTGL）的回归显著（β=0.442，p<0.05），两者间具有显著的正向影响关系，假设H4b成立。

私域流量的私域创收（PR）对协同管理（XTGL）的回归显著（β=0.393，p<0.05），两者间具有显著的正向影响关系，假设H4c成立。

### 五、协同管理与价值共创的关系

将协同管理（XTGL）的协同管理方式（MW）、协同管理理念（MT）和协同管理效率（ME）这三个维度作为自变量，而将价值共创（JZGC）作为因变量进行线性回归分析，如表6-28所示。

表6-28 协同管理与价值共创线性回归（N=321）

| 题项 | 未标准化系数 B | 标准误差 | 标准化系数 β | t | 显著性 | VIF | $R^2$ | 调整后 $R^2$ | F |
|---|---|---|---|---|---|---|---|---|---|
| （常量） | 0.446 | 0.110 |  | 4.065 | 0.000 |  | 0.768 | 0.766 | 349.477 |
| MW | 0.335 | 0.022 | 0.460 | 15.218 | 0.000 | 1.249 |  |  |  |
| MT | 0.302 | 0.019 | 0.454 | 16.030 | 0.000 | 1.095 |  |  |  |
| ME | 0.244 | 0.019 | 0.373 | 12.725 | 0.000 | 1.172 |  |  |  |
| 因变量：价值共创 |||||||||||

由表6-28可知，协同管理的三个维度可以解释价值共创（模型$R^2$=0.766）76.6%的变化原因。p=0.000<0.05，VIF值都小于5，表明模型不存在多重共线性。协同管理的三个维度对价值共创产生影响的模型公式为：

价值共创 =0.446+0.335* 协同管理方式 +0.302* 协同管理理念 +0.244* 协同管理效率。

由此可知：协同管理的协同管理方式（MW）对价值共创（JZGC）的回归显著（$\beta$ =0.460，$p < 0.05$），两者间具有显著的正向影响关系，假设 H5a 成立。

协同管理的协同管理理念（MT）对价值共创（JZGC）的回归显著（$\beta$ =0.454，$p < 0.05$），两者间具有显著的正向影响关系，假设 H5b 成立。

协同管理的协同管理效率（ME）对价值共创（JZGC）的回归显著（$\beta$ =0.373，$p < 0.05$），两者间具有显著的正向影响关系，假设 H5c 成立。

# 第五节　协同管理的中介效应

既然数字创新和私域流量是通过协同管理对价值共创产生影响，那么，接下来就要探讨协同管理是否存在中介效应。本研究共进行 5 次回归分析，分别是数字创新对价值共创的回归分析、私域流量对价值共创的回归分析、数字创新对协同管理的回归分析、私域流量对协同管理的回归分析、协同管理对价值共创的回归分析。当方差膨胀因子（VIF）满足"1 < VIF < 10"时，回归模型中不存在多重共线性问题。从回归分析中可以看出，本研究不存在共线性的问题。

## 一、协同管理在数字创新对价值共创影响中的中介效应

研究模型说明如下。

模型 1：将自变量数字创新与因变量价值共创进行回归检验。

模型 2：将自变量数字创新与中介变量协同管理进行回归检验。

模型 3：将自变量数字创新，中介变量协同管理，因变量价值共创同时进行回归检验。

对以上三个模型进行多元回归分析，结果如表 6-29 所示。

表 6-29　协同管理、数字创新、价值共创多元回归（N=321）

| 变量 | 模型1（价值共创） | 模型2（协同管理） | 模型3（价值共创） |
|---|---|---|---|
| （常量） | 0.493 | 0.494 | 0.294 |
| 数字创新 | 0.876 | 0.879 | 0.523 |
| 协同管理 |  |  | 0.402 |
| $R^2$ | 0.785 | 0.809 | 0.815 |
| 调整后 $R^2$ | 0.785 | 0.809 | 0.814 |
| F 值 | 1162.390 | 1349.018 | 699.457 |

由表 6-29 可知，首先，在模型 1 中，回归模型的 $R^2$=0.785，调整后的 $R^2$=0.785，F=1162.390，说明回归模型拟合较好，且回归系数 β=0.493（p＜0.001），数字创新对价值共创在 1% 的显著性水平上起正向影响作用，假设 H6 得到验证。

其次，在模型 2 中，数字创新对协同管理的回归显著，回归模型的 $R^2$=0.809，调整后的 $R^2$=0.809，F=1349.018，说明回归模型拟合较好，且回归系数 β=0.494（p＜0.001），假设 H3 得到验证。

最后，在模型 3 中，当协同管理作为中介变量加入后，回归模型 $R^2$=0.877，调整后的 $R^2$=0.815，F=699.457，说明回归模型拟合较好。其中，数字创新对价值共创的影响系数减小，由模型 1 的系数 β=0.493（p＜0.001）下降为模型 3 的 β=0.294（p＜0.001），这表明协同管理在数字创新对价值共创的影响中起部分中介作用。中介效应占总效应的比值为 0.879×0.402/0.876×100%=40.34%。因此，H6 得到验证。

## 二、协同管理在私域流量对价值共创影响中的中介效应

研究模型说明如下。

模型 1：将自变量私域流量与因变量价值共创进行回归检验。

模型2：将自变量私域流量与中介变量协同管理进行回归检验。

模型3：将自变量私域流量，中介变量协同管理，因变量价值共创同时进行回归检验。

对以上三个模型进行线性回归分析，结果如表6-30所示。

表6-30 协同管理、私域流量、价值共创线性回归（N=321）

| 变量 | 模型1（价值共创） | 模型2（协同管理） | 模型3（价值共创） |
| --- | --- | --- | --- |
| （常量） | 0.569 | 0.576 | 0.301 |
| 私域流量 | 0.862 | 0.864 | 0.460 |
| 协同管理 |  |  | 0.466 |
| $R^2$ | 0.763 | 0.784 | 0.763 |
| 调整后$R^2$ | 0.762 | 0.783 | 0.808 |
| F值 | 1022.976 | 1152.800 | 670.240 |

由表6-30可知，首先，在模型1中，私域流量对价值共创的回归显著，回归模型的$R^2=0.763$，调整后的$R^2=0.762$，F=1022.976，说明回归模型拟合较好，且回归系数 β=0.569（$p<0.001$），假设H7得到验证。

其次，在模型2中，私域流量对协同管理的回归显著，回归模型的$R^2=0.784$，调整后的$R^2=0.783$，F=1152.800，说明回归模型拟合较好，且回归系数 β=0.576（$p<0.001$），假设H4得到验证。

最后，在模型3中，当协同管理作为中介变量加入后，回归模型$R^2=0.763$，调整后的$R^2=0.808$，F=670.240，说明回归模型拟合较好。其中，私域流量对价值共创的影响系数减小，由模型1的系数 β=0.569（$p<0.001$）下降为模型3的 β=0.301（$p<0.001$），这表明风险管理在私域流量对价值共创的影响中起部分中介作用。中介效应占总效应的比值为0.864×0.466/0.862×100%=46.71%。因此，H7得到验证。

# 第六节　用户体验的调节作用探讨

如果两个变量 X 与变量 Y 的关系是变量 M 的函数，则称 M 为调节变量，也就是说，变量 Y 与 X 的关系受到第三个变量 M 的影响，这种有调节变量的模型如图 6-4 所示。

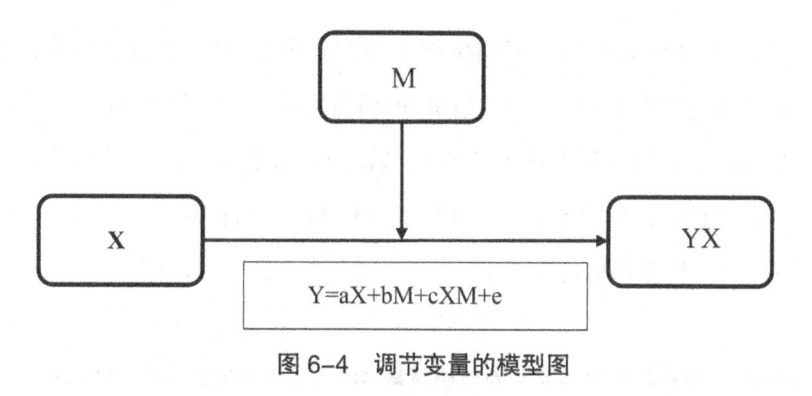

图 6-4　调节变量的模型图

其中，系数 c 的正负和大小衡量了调节方向和调节效应大小。

用户体验在自变量数字创新、私域流量与中介变量协同管理之间存在影响，此处将探讨用户体验是否具有调节作用。

## 一、用户体验对数字创新与协同管理的调节作用

根据研究假设，将协同管理作为被解释变量、数字创新作为解释变量、用户体验作为调节变量来构建回归模型，以检验用户体验对数字创新与协同

管理的调节假设。回归分析结果中的回归模型 1 包含有解释变量数字创新、调节变量用户体验和被解释变量协同管理，回归模型 2 加入了交互项（数字创新 × 用户体验），如表 6-31 所示。

表 6-31　用户体验对数字创新与协同管理的调节模型摘要（N=321）

| 模型 | R | $R^2$ | 调整后 $R^2$ | 标准估算的误差 | $R^2$ 变化量 | F 变化量 | 自由度 1 | 自由度 2 | 显著性 F 变化量 | 德宾-沃森 |
|---|---|---|---|---|---|---|---|---|---|---|
| 1 | 0.900a | 0.809 | 0.808 | 0.251 | 0.809 | 672.494 | 2 | 317 | 0 | 1.976 |
| 2 | 0.901b | 0.812 | 0.810 | 0.250 | 0.002 | 3.778 | 1 | 316 | 0.053 | |

从表 6-31 中可以看出，回归模型 1 和回归模型 2 的 $R^2$ 分别为 0.809 和 0.812，△$R^2$ 的值都为 0.03，调整后 $R^2$ 的值分别为 0.808 和 0.810，说明解释变量对被解释变量的解释作用大于 0.3。如表 6-32 所示，回归模型 1 和回归模型 2 对应的 F 检验值分别为 672.494 和 453.518，均在 0.01 的水平下显著，表明回归模型 1 和 2 均通过 F 检验。

表 6-32　用户体验对数字创新与协同管理的调节模型方差分析（N=321）

| 模型 | | 平方和 | 自由度 | 均方 | F | 显著性 |
|---|---|---|---|---|---|---|
| 1 | 回归 | 84.951 | 2 | 42.475 | 672.494 | 0.000b |
| | 残差 | 20.022 | 317 | 0.063 | | |
| | 总计 | 104.973 | 319 | | | |
| 2 | 回归 | 85.187 | 3 | 28.396 | 453.518 | 0.000c |
| | 残差 | 19.785 | 316 | 0.063 | | |
| | 总计 | 104.973 | 319 | | | |

回归模型的分析结果显示（见表 6-33），与回归模型 1 相比，引入"数字创新 × 用户体验"的交互项作为调节变量的回归模型 2 的分析结果表明，

数字创新对协同管理的影响系数为 1.103，对应的 p 值在 0.01 的显著性水平上通过检验；用户体验对协同管理的影响系数为 0.199，对应的 p 值在 0.1 的显著性水平上通过检验；数字创新与用户体验的交互项对协同管理的影响系数为 –0.055，系数为负，对应的 p 值在 0.1 的显著性水平上通过检验。分析结果表明：数字创新对协同管理有显著的正向影响，用户体验对协同管理有显著的正向影响，数字创新与用户体验的交互项对协同管理有显著的负向影响，即用户体验在数字创新与协同管理之间起负向调节作用，假设 H8 得到验证。

表 6-33　用户体验对数字创新与协同管理的调节模型系数（N=321）

| 模型 | 变量 | 未标准化系数 B | 标准误差 | 标准化系数 β | t | 显著性 |
|---|---|---|---|---|---|---|
| 1 | （常量） | 0.502 | 0.103 |  | 4.872 | 0.000 |
|  | 数字创新 | 0.885 | 0.039 | 0.906 | 22.85 | 0.000 |
|  | 用户体验 | –0.008 | 0.040 | –0.008 | –0.201 | 0.840 |
| 2 | （常量） | –0.299 | 0.425 |  | –0.704 | 0.482 |
|  | 数字创新 | 1.103 | 0.119 | 1.129 | 9.304 | 0.000 |
|  | 用户体验 | 0.199 | 0.114 | 0.196 | 1.748 | 0.081 |
|  | 数字创新 × 用户体验 | –0.055 | 0.028 | –0.406 | –1.944 | 0.053 |

## 二、用户体验对私域流量与协同管理的调节作用

根据研究假设，将协同管理作为被解释变量、私域流量作为解释变量、用户体验作为调节变量来构建回归模型，以检验用户体验对私域流量与协同管理的调节假设。回归分析结果中的回归模型 1 包含有解释变量私域流量、调节变量用户体验和被解释变量协同管理，回归模型 2 加入了交互项（私域流量 × 用户体验），如表 6-34 所示。

表 6-34　用户体验对私域流量与协同管理的调节模型摘要（N=321）

| 模型 | R | R² | 调整后 R² | 标准估算的误差 | R² 变化量 | F 变化量 | 自由度 1 | 自由度 2 | 显著性 F 变化量 | 德宾-沃森 |
|---|---|---|---|---|---|---|---|---|---|---|
| 1 | 0.886a | 0.785 | 0.784 | 0.267 | 0.785 | 578.683 | 2 | 317 | 0 | 1.990 |
| 2 | 0.887b | 0.787 | 0.785 | 0.266 | 0.002 | 3.617 | 1 | 316 | 0.058 | |

从表 6-34 可以看出，回归模型 1 和回归模型 2 的 $R^2$ 分别为 0.785 和 0.787，$\triangle R^2$ 的值都为 0.02，调整后 $R^2$ 的值为 0.784 和 0.785，说明解释变量对被解释变量的解释作用大于 0.3。如表 6-35 所示，回归模型 1 和回归模型 2 对应的 F 检验值分别为 578.683 和 390.179，均在 0.01 的水平下显著，表明回归模型 1 和 2 均通过 F 检验。

表 6-35　用户体验对私域流量与协同管理的调节模型方差分析（N=321）

| 模型 | | 平方和 | 自由度 | 均方 | F | 显著性 |
|---|---|---|---|---|---|---|
| 1 | 回归 | 82.403 | 2 | 41.201 | 578.683 | 0.000b |
| | 残差 | 22.57 | 317 | 0.071 | | |
| | 总计 | 104.973 | 319 | | | |
| 2 | 回归 | 82.658 | 3 | 27.553 | 390.179 | 0.000c |
| | 残差 | 22.315 | 316 | 0.071 | | |
| | 总计 | 104.973 | 319 | | | |

回归模型的分析结果显示（见表 6-36），与回归模型 1 相比，引入"私域流量 × 用户体验"的交互项作为调节变量的回归模型 2 的分析结果表明，私域流量对协同管理的影响系数为 1.097，对应的 p 值在 0.01 的显著性水平上通过检验；私域流量对协同管理的影响系数为 0.317，对应的 p 值在 0.1 的显著性水平上通过检验；私域流量与用户体验的交互项对协同管理的影响系数为 −0.070，系数为负，对应的 p 值在 0.1 的显著性水平上通过检验。分析结

果表明：私域流量对协同管理有显著的正向影响，用户体验对协同管理有显著的正向影响，私域流量与用户体验的交互项对协同管理有显著的负向影响，即用户体验在私域流量与协同管理之间起负向调节作用，假设H9得到验证。

表 6-36　用户体验对私域流量与协同管理的调节模型系数（N=321）

| 模型 | 变量 | 未标准化系数 B | 标准误差 | 标准化系数 β | t | 显著性 |
| --- | --- | --- | --- | --- | --- | --- |
| 1 | （常量） | 0.518 | 0.110 |  | 4.733 | 0.000 |
|  | 私域流量 | 0.823 | 0.040 | 0.844 | 20.674 | 0.000 |
|  | 用户体验 | 0.055 | 0.041 | 0.054 | 1.331 | 0.184 |
| 2 | （常量） | −0.495 | 0.544 |  | −0.911 | 0.363 |
|  | 私域流量 | 1.097 | 0.149 | 1.124 | 7.342 | 0.000 |
|  | 用户体验 | 0.317 | 0.144 | 0.312 | 2.205 | 0.028 |
|  | 私域流量 × 用户体验 | −0.070 | 0.037 | −0.509 | −1.902 | 0.058 |

## 第七节 检验结果汇总

通过前文的相关分析、多元回归分析和中介检验，可以获得关于变量间关系的实证结果。在此基础上，对假设做出总结，如表6-37所示。

表6-37 假设验证汇总表

| 假设编号 | 假设 | 假设结果 |
| --- | --- | --- |
| H1 | 数字创新对价值共创具有正向影响 | 成立 |
| H1a | 数字创新的数字技术维度对价值共创具有正向影响 | 成立 |
| H1b | 数字创新的创新产出维度对价值共创具有正向影响 | 成立 |
| H1c | 数字创新的创新过程维度对价值共创具有正向影响 | 成立 |
| H2 | 私域流量对价值共创具有正向影响 | 成立 |
| H2a | 私域流量的私域搭建维度对价值共创具有正向影响 | 成立 |
| H2b | 私域流量的私域流量表现维度对价值共创具有正向影响 | 成立 |
| H2c | 私域流量的私域创收维度对价值共创具有正向影响 | 成立 |
| H3 | 数字创新对协同管理具有正向影响 | 成立 |
| H3a | 数字创新的数字技术维度对协同管理具有正向影响 | 成立 |
| H3b | 数字创新的创新产出维度对协同管理具有正向影响 | 成立 |
| H3c | 数字创新的创新过程维度对协同管理具有正向影响 | 成立 |
| H4 | 私域流量对协同管理具有正向影响 | 成立 |
| H4a | 私域流量的私域搭建维度对协同管理具有正向影响 | 成立 |
| H4b | 私域流量的私域流量表现维度对协同管理具有正向影响 | 成立 |
| H4c | 私域流量的私域创收维度对协同管理具有正向影响 | 成立 |
| H5 | 协同管理对价值共创具有正向影响 | 成立 |

续表

| 假设编号 | 假设 | 假设结果 |
|---|---|---|
| H5a | 协同管理的协同管理理念维度对价值共创具有正向影响 | 成立 |
| H5b | 协同管理的协同管理方式维度对价值共创具有正向影响 | 成立 |
| H5c | 协同管理的协同管理效率维度对价值共创具有正向影响 | 成立 |
| H6 | 协同管理在数字创新与价值共创之间起到中介作用 | 成立 |
| H7 | 协同管理在私域流量与价值共创之间起到中介作用 | 成立 |
| H8 | 用户体验在数字创新与协同管理之间起到调节作用 | 成立 |
| H9 | 用户体验在私域流量与协同管理之间起到调节作用 | 成立 |

# 第八节　检验结果分析与讨论

以上通过相关分析和多元回归分析证实了企业的数字创新、私域流量、协同管理、价值共创这四个变量之间存在显著的正向关系，本节将对实证结果进行分析和讨论。

## 一、数字创新和价值共创的讨论

数字技术是公司赖以生存与成长的驱动力。在当前新的国际国内条件下，加强产品的数字创新，已成为公司提高经济成长能力、适应国际市场竞争的必然选择。但由于我国当前经济结构从供应制约转向了需求控制，而买方市场已经形成，公司仍处于充分市场的良好发展条件，因而产生了盈利平均化和下滑的现象，公司分化、调整、重组速度加快，大型化、大规模和小型化、专业化竞相发展，许多公司已步入"二次创业"或"再次创业"的新时期。随着我国民众生活水平和工业化程度的提升，产业结构与市场需求之间的关联也步入了新一轮的调节顺应期，而生产和消费之间的关联也由适合温饱型低消费水平向适合大健康型全方位、多元化、富有变革、市场选择权较强的需要过渡；制造和资本之间的关系，开始顺应从粗放型总量扩大向集约型发展和生产技术设备重大改变的需要过渡；产业结构变动率明显提高，新工业化经济开始逐步走向由高加工率的制造业为主导的阶段，新型服务工业发展速度提高。我国加入世贸组织以后，有一个市场经济管理方式与运行机制和国际规范相衔接的调整适应期，各个产业部门和中小企业都面临着国际市场竞争的全新挑战，我国亟须顺应经济全球化和 21 世纪以来新技术革命、新经济蓬勃发展的新态势，抓住机遇，积极迎接新挑战。所有这些都说明，公司为了应对全新的市场环境，赢得市场竞争，就需要进行数字创新，以构建并维护自身在某一领域的品牌优势。数字创新使得企业在价值共创体系中更有主动权，更有改进的可能性。

## 二、私域流量和价值共创的讨论

私域流量运营更需要一套系统，能够将大家连接起来，承载信息传递和价值传输。只有将一切要素发挥得淋漓尽致，才能将极高成本获得的流量留存下来，成长和裂变。价值共创改变了顾客与公司间百年来存在的固定联系，打破了过去的商业模式，要求公司站在顾客的高度进行"共情"，同顾客互动，从而取得内部的最优化分配效益。但是，价值共创也同样影响了人们对公司的认识，它使得人们重新认识公司对个人、对家庭以及对社会的意义与重要性。在公司与人们能够平等地进行价值共创的同时，它不仅是利润的象征，更是人们意愿的表达。

## 三、协同管理中介效应的讨论

数字创新是企业产品更新迭代以及服务升级必须具备的能力，尤其对于构筑价值共创体系保持企业与消费者的良好关系上有着重要的作用。这期间，协同管理发挥着催化剂的作用。

私域流量要实现效能最大化，就必须设计一套好的机制，用好的商品吸引用户从而得到好的收益，而为了维持这样的收益，又需要对私域流量有好的运营。好产品是凝聚共识的关键，因为大家都有相应的消费需求，有个体差异，最大限度地做到求同存异并不容易，所以首先是形成消费的基本共识，就是大家需要什么、喜爱什么、购买什么，这就是基本点。而各个圈层之间对好的产品销售认识存在差异，有的认为是功效，有的认为是价格，等等。

价值共创是企业战略转型的枢纽。战略一直是企业发展的灵魂，是通过给企业做减法，抽丝剥茧发现未来的机遇，同时配置相关的资源。讲究的是资源和公司发展战略之间的高度配合，而价值共创拓宽了公司资源的含义，把资源的理念从公司内扩展到公司外，消费者的智慧、诉求以及关联方的体验和感受都成为企业可以利用的"资源池"。公司的经营战略不再是管理、分配资源，因此在外部环境这些资源也无法为公司随心所欲地使用，而只是通过评估识别出资源的价值，并挑选价值最大的资源通过合作的方式进行使用。尽管公司无法掌握某些资源，但仍能够利用价值共创来吸引资源，达到重新分配的效果。

协同管理在企业的数字创新、私域流量对价值共创的影响过程中起到中介作用的结论，具有重要的现实指导意义。实证分析表明，协同管理起到部分中介的作用，即数字创新的选择和私域流量的构筑不仅可以直接影响价值共创的提升，还可以通过协同管理间接地促进价值共创的形成。

## 四、用户体验调节效应的讨论

用户体验在数字创新、私域流量与协同管理之间起着调节作用。用户体验代表着用户使用企业产品或享受企业服务时的感受以及用户与企业的互动程度。用户体验越好，说明企业产出的产品所代表的数字创新能力越接近于满足用户需求的临界点，一旦超出临界点，企业就必须有代表更高水平的数字创新能力的产品才能满足用户需求，也就是说，用户体验越好，实则对企业的数字创新能力提出的挑战越大，而其现有的数字创新能力对协同管理能力的正向影响就会越小，即同等水平的数字创新能力，在需求正在升级或即将升级的市场中,对协同管理的正向影响会越小。

当用户体验好的时候,企业往往能够搭建一个较高质量的私域流量池,其私域流量池中的流量一般也会呈现增长趋势。而由于企业协同管理升级具有一定的滞后性,此时企业的协同管理水平仍处于相对不变的状态,那么用户黏性越高的、流量越大的私域流量便会对其产生一定的负向影响,也就是说,企业现有的协同管理能力无法及时管理好日益庞大的私域流量,那么私域流量就会对协同管理能力具有一定的负向影响。

综上所述,用户体验在数字创新、私域流量与协同管理的关系中具有调节作用,并且起负向调节作用。

## 第九节 本章小结

本章对前面提出的 24 个假设进行了实证检验。首先对量表的变量展开了充分性验证、因子分析、效度和信度检验以及共线性诊断,确认各变量因子满足回归分析条件后,又分别对理论模型中的直接效应、中介效应相关假设逐一进行回归分析并得出结论。

研究结果表明:第一,数字创新、私域流量对价值共创有显著正向影响;第二,数字创新、私域流量对协同管理有显著正向影响;第三,协同管理对价值共创有显著正向影响;第四,协同管理在数字创新、私域流量对价值共创的影响过程中起中介作用;第五,用户体验在数字创新、私域流量与协同管理的关系中起负向调节作用。

最后,对数字创新、私域流量、协同管理和价值共创的相互关系及作用机理进行了深入的分析和讨论。

# 第七章

# 结论与展望

本章就上述研究的结果进行归纳整理,阐述了本研究所得出的结论及意义,并针对存在的局限性和不足之处,对未来研究指出可能的方向。

# 第一节 主要研究结论

在数字经济的催化下，现代经济出现了许多新兴概念。时下，私域流量等作为新兴名词受到许多研究者的青睐，但关于数字创新、私域流量、用户体验、协同管理以及价值共创的研究并没有形成完整体系，甚至对某一方面如私域流量的研究仍少之又少，更不用说在研究数字创新、私域流量对价值共创的影响时考虑协同管理的中介作用，以及用户体验在数字创新、私域流量与协同管理关系中的调节作用。故本书通过文献和实证研究构建了"数字创新与私域流量—用户体验—协同管理—价值共创"的理论框架，在整理分析前人研究的基础上进行研究创新与突破。通过探索性案例研究和实证分析，得出如下结论。

## 一、数字创新有助于巩固价值共创体系

通过数字创新与价值共创的相关分析和多元回归分析，充分说明了数字创新与价值共创之间存在正向关系。其中，数字创新的三个维度都对价值共创存在显著的正向影响。企业要发展，就要明确与自身资源及能力相匹配的数字创新水平，从创新产出维度和创新过程维度出发，积极适应社会变化，加快构筑价值共创体系，练好内功，特色经营，才能实现企业的可持续发展。

## 二、私域流量有助于强化价值共创网络

通过私域流量与价值共创的相关分析和多元回归分析,充分说明了私域流量与价值共创之间存在正向关系。其中,协同管理的三个维度对价值共创存在显著的正向影响。企业要不断加快构筑私域流量池的步伐,打造属于自己的客户群体,认真维系私域客户关系,听取客户关于产品或服务的共创建议,强化价值共创体系。

## 三、数字创新有助于企业进行有效的协同管理

通过数字创新与协同管理的相关分析和多元回归分析,充分说明了数字创新与协同管理之间存在正向关系。其中,数字创新的三个维度都对企业的协同管理存在显著的正向影响。数字创新是企业各项政策制定的基础,数字创新既是企业发展的必要条件,也是企业进行协同管理的基础资源。企业要根据外部环境和内部条件及集团要求设置数字创新子目标,采用全面计划管理和预算管理,将战略规划落实并实施。同时必须进行监督和控制,并根据实际执行情况进行战略调整,以确保战略目标和战略规划具备可行性和适当性,帮助企业找准目标市场定位,赢得竞争优势。

## 四、私域流量促进协同管理的升级

通过私域流量与协同管理的相关分析和多元回归分析,充分说明了私域流量与协同管理之间存在正向关系。其中,私域流量的三个维度对协同管理存在显著的正向影响。私域流量的诞生,为企业直达顾客创造了全新的途径,为企业获取了黏性更高的用户群体,客户群体的愈加稳固对企业的协同管理能力提出了挑战,企业应该恰如其分地协调各部门资源,充分调动私域流量

的力量，将企业的利益最大化。

### 五、协同管理保障价值共创体系的运行

协同管理对价值共创的相关分析和多元回归分析，充分说明了协同管理与价值共创之间存在正向关系。其中，协同管理的三个维度均与价值共创呈显著正相关关系。这表明在数字经济驱动的背景下，企业加强协同管理有利于企业进一步释放活力，保持和挖掘自身的竞争优势，构筑完善的价值共创网络体系。

### 六、协同管理促进数字创新改进价值共创

本书通过数字创新、协同管理与价值共创的多元回归分析可以得出，协同管理在数字创新对价值共创的影响过程中发挥部分中介作用，即数字创新的选择不仅可以直接影响价值共创，还可以通过协同管理间接地促进价值共创。因此，企业数字创新的精准选择将有利于促进企业构筑价值共创网络体系，促进公司内在结构和外界联系更加完善，并提升组织内部运行效率和从外部获取资源的能力，最终逐步实现核心价值再造，从而构筑价值共创网络体系。

### 七、协同管理推动私域流量重塑价值共创

本书通过私域流量、协同管理与价值共创的多元回归分析可以得出，协同管理在私域流量对价值共创的影响过程中发挥部分中介作用，也就是说，私域流量不仅可以直接促进价值共创，还可以通过协同管理来间接促进价值共创。因此，企业在提高管理效率和促进协同改进时，有利于强化价值共创

体系中各利益相关者的联系，促进企业私域流量池的稳固，构建黏性高的用户群体，从而实现价值共创。

### 八、用户体验驱动数字创新对协同管理能力的促进

本书通过数字创新、用户体验和协同管理的多元回归分析得出，用户体验在数字创新与协同管理之间起着调节作用，即数字创新可以在用户体验的作用下，对协同管理有更强的作用，进而对价值共创产生更大的影响。

### 九、用户体验协助私域流量改进协同管理能力

本书通过私域流量、用户体验和协同管理的多元回归分析得出，用户体验在数字创新与协同管理之间起着调节作用，也就是说，用户体验的好坏，对私域流量与协同管理的关系有相应的调节作用，用户体验感越好的公司，其私域流量对协同管理的作用便越强。

# 第二节　实践启示

本书以三家国内头部公司为研究对象,在文献回顾的基础上,通过理论和实证研究得出了相关结论。据此,从数字创新的精准选择、私域流量的构筑、用户体验的提升、协同管理的路径这四个视角出发,进一步阐述头部公司数字创新、私域流量、用户体验、协同管理和价值共创研究的实践启示。

## 一、明确数字创新是价值共创体系存续的必然选择

数字创新回答了公司应该创新什么和如何创新的难题,为公司的成长提供了途径。如果数字创新方向尚不明确,就会导致公司资源产生极大的浪费,甚至可能耽误公司成长的机会。数字创新同样是公司各项战略制定的基石,有了清晰的行业和客户定位,公司才可以据此制定出合理的战略。总的来说,数字创新对价值共创具有很大的影响,主要表现在以下几方面。

**1. 企业数字创新影响利益相关者加入价值共创体系的积极性**

价值共创旨在创造更符合社会需要以及更具社会价值的产品或服务,这对企业的要求是,其必须具备改进产品或服务的数字创新能力,如果不具备相应的能力,则无法做到价值共创者所提出的价值提升要求,自然无法留住价值共创者,更无法吸引新的参与者。

**2. 企业数字创新影响价值共创体系的稳固性**

企业要持续运营,必须具备一定的数字创新能力,特别是产品和服务需

要频频升级的相关企业。可以说，数字创新是企业发展的基础，如果企业没有发展的可能，那么其构筑价值共创网络体系也就没有了必要。

**3. 企业发展应统筹兼顾数字创新与价值共创，建立健全的创新体系**

企业组织一方面须增加研究资金投入，积极研发数字技术创新体系，以夯实数字创新驱动发展的基石；另一方面，企业组织又须强化对消费者和市场环境的适应、迎合和研究，根据消费者的不同需要开发新产品和提升服务质量，使消费者感受到更有个性和多样化的价值服务。数字创新与价值共创的统筹兼顾，实则是两者之间的相互作用。数字创新为价值共创提供保障，而价值共创则为数字创新提供原动力，这样形成一个健全的创新体系，进而有利于企业发展。

## 二、构筑私域流量是稳固价值创造的关键一步

实证分析表明，私域流量对企业的协同管理和价值共创有正向影响。企业要重视私域流量池的构建，对私域流量进行全面的管理和有效的关系维护，保证企业拥有稳固的客户群体。

**1. 确定沉淀私域流量的核心载体**

落地的前提是确定私域流量的载体是什么。想获得稳定的客户来源，必须知道如何接触到用户。无论是早先的微信个人号，还是后来出现的微信服务号、店铺等，这些都是沉淀私域流量池的绝佳选择。这是因为其本质在于对用户关系的管理。私域流量是可控的，这意味着企业和用户的关系可以是相对紧密的或相对疏离的，也就是说，这个关系可以分成不同的层次。

**2. 设计私域流量具体的运营策略**

私域流量的运营策略，具体来讲是通过一种模式明确每一个环节大概的运营动作，而私域流量的运营大概要经历这样几个步骤：引流、裂变、转

化、成交和复购。企业需要实施恰当的私域流量运营策略,以便创造更多的价值。

## 三、维护用户体验是企业长久发展的根本保障

实证表明,用户体验对企业的价值共创具有间接的影响,在数字创新、私域流量与协同管理的关系间起着调节作用。因此,企业应该重视用户体验,尽力提升用户的使用体验及满意度,从而提升企业的品牌影响力。

**1. 对产品的影响**

用户体验是用户对产品的一种反馈,企业重视用户体验,能够及时处理所收到的用户反馈,并能结合相关建议对产品进行迭代更新,这便使得产品始终可以跟得上市场潮流畅行市场,同时能在用户之间拥有良好的口碑传播,与其他竞品进行差异化竞争,使企业的核心竞争力得到提升,从而在竞争激烈的环境当中脱颖而出。

**2. 对企业发展的影响**

用户体验研究也十分有必要,依据用户的使用体验数据反馈,对产品进行持续的迭代更新,可以不断满足新出现的市场需求。在当今大力提倡数字经济的环境下,手机上的数据也是价值斐然。企业在有条件的情况下还可以设立专门的用户体验研究部门,提高用户体验在决策中的影响力,以用户为中心推动企业发展。

**3. 对企业品牌的影响**

当用户认可品牌在用户体验方面的实力以后,面对同类竞品时大多会优先选择用户体验更好的。因此,提升用户体验感有助于塑造好的品牌影响力,进而吸引更多用户。

## 四、走好协同管理之路是企业蝶变的关键所在

协同管理,就是通过对整个体系中的不同子系统进行时间、空间和功能结构上的整合,从而形成一个具有"竞争—合作—协调"特点的过程,其作用将大大超过原来所有子系统的总和,从而形成全新的时间、空间、功能体系。企业要想发展,必须重视协同管理。

**1. 注重系统化、流程化的协同管理**

企业内部如果不能协同,就无法建立合作网络,企业就不能充分发挥组织化的能力。只有系统化、流程化的协同管理,才能高效率地协调企业各部门资源,在企业遇到紧急情况时,及时做出应急预案,帮助企业渡过难关。通过系统化和流程化管理,让人员更加明确需要担任哪些角色、要提供何种业务、有什么控制点、需要输出哪些内容等。系统化和流程化可以使组织内部各方力量的合作更加顺利,减少中间环节的资源浪费,进而降低内耗、提高效率。

**2. 更新协同管理相关协同软件**

首先,这是信息技术迅速发展的必然结果。软件、互联网和通信网络的结合,是现代信息技术发展的必然趋势。这三大关键技术及其相关的硬件设备和电信设施的完善,使企业协同化管理水到渠成。其次,这是现代企业敏捷组织管理的紧迫要求。现代企业讲求灵活性,为适应内外变化,增强竞争性,就需要组织管理系统必须具有即时、主动、开放的管理特性。

**3. 不断深入企业协同管理研究**

在协同管理的探索历程中,很多学者只专注于协作管理的影响因素和方法,在研究时没有全方位、均衡地考虑,因此其研究可能存在不足,无法保证该领域的发展。同时,尽管研究确立了总体性协同管理模式,但国内外专家主要是从理论视角展开研究,没有进行多角度的深层次分析,对协同模式的价值性还有待深入探讨。

## 第三节 策略建议

基于以上的相关结论和实践启示,本书从企业数字创新、私域流量、用户体验和协同管理四方面提出具体的实施策略与建议。

### 一、找准企业数字创新方式,提升核心竞争力

随着我国数字经济的蓬勃发展和国际市场竞争的日趋激烈,提高中国企业数字创新管理水平也日益成为企业求生存、谋发展的必要选择和国际市场发展趋势。残酷的优胜劣汰的市场法则要求企业应该切实地推动产品质量和业务能力的提升,从而增强其核心竞争力。

**1. 加大企业创新专利保护**

企业在研发上的成本一般需要通过产品在市场流通这一途径收回,而加大企业创新专利保护,恰恰是产品正常流通的重要保障。只有企业的创新专利受到保护,其利益才能得到保障,企业才能进一步地保持数字创新的积极性和活跃性。

**2. 促进企业创新平台建设**

我国在研发投入上的支出逐年增加,但如果没有对社会总体资源的协同管理,也就无法做到最大限度的社会创新。企业应与各高校和科研院所形成有效的产学研合作关系,与各相关主体形成相互合作、相互促进的研发伙伴关系,加快建设企业创新平台。

### 3. 重点支持创新型企业

创新驱动发展，然而创新企业在前期一般需要付出巨大的成本，因此政府可以给予企业一定的扶持，减轻企业创新成本负担，加速其创新发展，使其能更多地将研发投入转为创新成果。

## 二、精准构筑私域流量池，建设稳固的客户群体

私域流量的客户关系管理核心就是对企业客户社群的管理，而企业客户社群则是以消费者对企业的情感与利益关系为纽带建立的。在品牌社区中，品牌和用户之间能够彼此沟通共同体验，进而增强品牌认同感；用户和品牌者之间能够进行信息交流，有助于品牌理解用户体验，实现品牌与用户的双赢。

### 1. 重视品牌社群的运营

在品牌社群内，消费者同消费者之间可以相互交流分享感受，进一步加深其归属感；消费者同品牌方之间可以实现信息互动，帮助品牌了解消费者需求。企业要维护好私域流量，就必须抓住品牌这一主线，注重品牌社群的运营，利用品牌维系好企业与消费者以及消费者与消费者之间的关系。

### 2. 建立良好的传播口碑

品牌口碑是维系企业生命力的重要法宝。在企业的运营中不能忽视品牌口碑的重要性，要时刻关注品牌口碑的变化，加强对运营全过程的管理和控制，提高消费者的整体满意度，促使已购使用者积极提出对公司商品的正向应用反馈，促进KOC（关键意见消费者）带新。

### 3. 实现品牌文化的认同

企业通过品牌价值管理和市场营销工作将企业文化核心向外传递，从而达到企业以名牌与产品为载体的心理认同。这种认同也增强了普通消费者对同品牌商品的心理绑定，并促使其不断关注品牌信息，重复选择商品并自发

完成品牌推广，从而拉长了流量在社区内的活跃期，提高了流量的稳定度。

## 三、提升用户体验感，构筑企业发展屏障

企业应该重视提升用户好的体验感，使企业在发展过程中能够始终得到用户支持，为企业运营及发展提供保障。

### 1. 增强情感共鸣

在如今的互联网经济时代，人们所担忧的不再是以往的吃饱穿暖问题，而是将更多的关注点转移到了情感上。人们消费的是认同感，只有做出在情感上体察人心的产品，才能真正被用户感受到其中的良苦用心，才能进一步得到用户的认同，提升用户体验感。抓住情感共鸣，便可能得到用户的青睐。

### 2. 注重功能体验

解决痛点应是企业设计、生产产品的必要考虑因素之一，只有产品真正为用户服务，才能增强用户的良好体验，进而获得用户长久的支持。企业需要不断提升自身的数字创新能力，提升产品的良好功能体验，形成"用户体验越好—创新能力越强—用户体验越好"的循环，促进企业的长久发展。

### 3. 产品的思想力

任何产品设计都是有思路的，而产品设计的思路也透露出了一个团队的整体思维，以及一家企业的整体思想。好的产品设计，会从思维上和使用者实现更高效的交流，就如苹果手机的Siri（智能语音助手），尽管还有待进一步改善，但从产品设计的思路出发，的确在朝着更懂人、更动人的方向发展。企业应该在产品的设计上与用户及时地互动，以便为产品注入适合时宜的思想力。

### 四、加快企业协同管理，促进价值共创效率提升

企业要获得发展，必须重视协同管理，充分调动企业内部各项资源为企业发展服务，促进核心竞争力的提升。

**1. 提高员工协同管理意识**

企业协同管理的实施必须有员工的配合，无论是做协同管理决策还是执行决策，都需要员工有配合的意识，并且应该对员工进行协同管理培训，制定相应的绩效考核机制。

**2. 促进协同管理透明化**

企业应完善协同管理的相关制度，妥善安排管理人员，将各项管理决定及管理措施透明化，以防有人利用管理之便为自己谋私利，同时也能够提高企业在员工心里的威望。

**3. 完善协同管理机制**

企业的协同管理机制不可能一蹴而就，而是需要根据实际情况及时调整，不断改进提升，逐步完善，最大限度地利用企业的各项资源，使之为企业发展服务。

# 第四节 研究的局限性和未来研究展望

本节主要阐述前面调查研究、理论分析和变量选取等方面的不足之处，并基于此对未来的研究进行了展望。

## 一、研究的局限性

本书基于企业数字创新、私域流量、协同管理和价值共创的研究而展开，通过构建"数字创新和私域流量—协同管理—价值共创"的研究模型，进一步分析各个变量间的内在关系以及数字创新、私域流量对企业价值共创影响的内在机制。本研究具有一定的现实意义和理论意义，但是受到笔者个人主观能力和客观条件的束缚，仍然存在一些缺陷和不足。

### 1. 调查研究方面

首先，在现有研究中对数字创新和私域流量的量表开发相对缺乏，数字创新和私域流量量表的内容还有待丰富。其次，问卷问题主要涉及数字创新、私域流量、协同管理、价值共创等方面的专业知识，非管理学、经济学专业的问卷填写者可能无法理解问卷内容或者理解出现偏差，造成填写的答案有偏差，不能准确地反映数字创新机构的实际投资情况。最后，问卷数据主要是通过网络对头部公司进行调查而得到的，选取的对象较为随机，虽然获得的样本量基本满足了研究需要且通过了信度和效度的检验，但企业分布的各个地域在经济发展水平和文化背景等方面差异较大，可能会造成收集到的数据存在一定的差异。

### 2. 理论分析方面

本书关于协同管理在企业的数字创新、私域流量对价值共创的影响过程中起到中介效应的逻辑动因分析,有个别动因理论和相关概念的解释还不够深入。此外,对国内外学者在数字创新、私域流量、协同管理、价值共创等领域研究的相关文献的归纳和总结还不够全面,对私域流量、价值共创等理论的理解还有待进一步深入,分析的逻辑性还有待加强,这样才能更好地为研究提供理论基础和支撑。

### 3. 变量选取方面

关于企业价值共创的研究中,采用数字创新、私域流量两个因素作为自变量,事实上还存在其他的变量也会对整个模型产生影响。本研究只选取上述的两个因素当作自变量,在一定程度上会影响模型的拟合度和研究结论的准确性。在后续研究中,学者可以考虑引入其他的相关变量。

## 二、未来展望

数字经济作为社会经济发展的产物,其对于国民经济增长以及民生的改善发挥了很大作用,与此同时也对企业的生存与发展提出了挑战。企业要想在如今的环境中脱颖而出,就必须考虑到数字经济环境的影响并及时制定战略。近年来私域流量等热词不断出现,也可能会成为未来几年的发展趋势,但相关研究在国内仍然较少。显然,关于私域流量、价值共创等的研究将会是未来经济研究的一个重要方向,除此之外,对该方向的研究还有以下几点展望。

### 1. 协同管理和价值共创之间的关系研究

近年来,许多学者意识到研究价值共创的可行性与必要性,但鲜少有学者在研究价值共创时考虑协同管理的作用,或是在研究协同管理时延伸其研究范围至价值共创，这使得研究协同管理和价值共创之间的关系变得重要而且必要。关于企业的协同管理和价值共创的关系，在后续研究中可以进一步探究。

**2.调查问卷和理论分析方面**

在调查问卷方面，后续的研究中可以尽可能扩大样本的调查规模，增加样本容量。另外，要注重工作人员和问卷填写者的专业素质，以保证样本数据的质量。在理论分析方面，由于所触及的文献资源有限，理论分析仍不够全面，对数字创新、私域流量、协同管理等相关变量概念的解释有待加强，对各个变量间关系的论述和维度划分还有待进一步丰富。因此，在后续的研究中，学者要扩大文献检索范围，进一步丰富相关的理论知识和文献综述。

**3.变量选取和研究工具方面**

未来的研究可以考虑引入资源、数字创新、资本积累、文化品牌等相关变量，使构建的模型更加完善，研究得出的结论更加全面和更具有说服力。此外，可以考虑通过建立可视化的数学模型，利用结构方程模型、时间序列分析、面板数据回归分析等方法展开研究，也可以利用头部上市公司财务报表中关于价值共创等相关的数据进行分析，以更加客观准确，有效避免问卷填写者的主观性。

总之，后续的研究思路并不限于此，关于企业价值共创方面的课题还有更多、更广的领域可供研究。

# 参考文献

[1] 艾志红.数字创新生态系统价值共创的演化博弈研究[J].技术经济与管理研究,2023(4):25-30.

[2] 白福萍,梁博涵,刘东慧.数字化转型对企业利益相关者价值共创的影响机理与对策[J].财会月刊,2023,44(12):131-136.

[3] 白浩越,于洋.私域流量视域下财富管理行业营销路径研究——基于网络整合营销4I策略[J].中国市场,2022(23):52-55.

[4] 白列湖.协同论与管理协同理论[J].甘肃社会科学,2007(5):228-230.

[5] 白如金,张璐.数字经济时代私域流量的概念、价值及运营[J].全媒体探索,2023(3):4-6.

[6] 毕玮,谢永珍,何畅.平台型商业生态系统价值共创机理研究——基于血联网智慧医疗服务生态系统的案例[J].经济与管理评论,2023,39(4):146-160.

[7] 卜庆娟,金永生,李朝辉.互动一定创造价值吗?——顾客价值共创互动行为对顾客价值的影响[J].外国经济与管理,2016,38(9):21-37+50.

[8] 布和础鲁,陈玲.数字创新生态系统:概念、结构及创新机制[J].中国科技论坛,2022(9):54-62.

[9] 蔡小龙.项目协同管理战略与实施路径研究——以H公司为例[J].中国注册会计师,2023(4):117-120.

[10] 蔡猷花,孟秋语,陈国宏.价值共创视角下核心企业主导型众创空间的合作创新演化博弈研究[J].中国管理科学,2022,30(12):52-62.

[11] 曹旭辉. 金融机构如何借助私域流量打造品牌与促进销售 [J]. 金融博览, 2022 (7): 62-63.

[12] 陈晨俣, 申雨弦, 张丽君. 旅游导向型乡村社区导视系统策略研究 [J]. 包装工程, 2022, 43 (4): 314-321+347.

[13] 陈春花, 刘祯. 案例研究的基本方法——对经典文献的综述 [J]. 管理案例研究与评论, 2010, 3 (2): 175-182.

[14] 陈慧敏. 数字经济时代下中小企业的私域流量运营研究 [J]. 营销界, 2023 (7): 11-13.

[15] 陈啸, 孙晓娇, 王国峰. 数字普惠金融、数字创新与经济增长——基于省级面板数据的实证考察 [J]. 经济问题, 2023 (6): 34-40.

[16] 陈游. 银行普惠小微金融创新破局之道: 聚焦用户体验 [J]. 新金融, 2022 (8): 30-35.

[17] 陈郁璐, 雷青. 基于在线评论的考古盲盒用户体验影响因素研究 [J]. 包装工程, 2022, 43 (8): 180-189.

[18] 陈则谦, 李亚灿. 文旅融合场景中的数字化服务: 主要类型及用户体验研究 [J]. 图书与情报, 2022 (5): 71-83.

[19] 陈祖芬. 档案机构微信用户体验的设计原则与重点研究 [J]. 档案与建设, 2022 (3): 25-30.

[20] 程松松, 赵芳, 刘鸿宇. 企业共生导向与战略性新兴产业集聚圈价值共创 [J]. 企业经济, 2023, 42 (2): 100-107.

[21] 褚引楠, 魏仁干, 黄蓉, 等. 汽车维修用户体验评价指标体系构建研究 [J]. 现代商贸工业, 2021, 42 (36): 51-52.

[22] 崔明, 李明明. 社区连锁生鲜便利店的价值转化路径及机理——基于正大优鲜的案例研究 [J]. 管理案例研究与评论, 2023, 16 (1): 62-80.

[23] 戴兵, 殷美玲. 为用户服务, 做用户的朋友——结合媒体公号运营案例谈私域流量的本质 [J]. 全媒体探索, 2023 (3): 16-17.

[24] 单俊楠, 魏艳丽. 媒体如何有效运营社群——以半岛都市报为例 [J]. 新闻与写作, 2020 (3): 94-97.

[25] 邓旻. 后流量时代的品牌数字化营销现状与趋势探究 [J]. 现代商业, 2022（34）: 17-20.

[26] 翟趁华. 消费升级视角下私域流量竞争力构建 [J]. 商业经济研究, 2021（21）: 123-126.

[27] 翟姗姗, 郭致怡, 查思羽, 等. 融合房东生成内容与房客生成内容的共享住宿平台信息服务价值共创机制研究 [J]. 情报科学, 2023（6）: 84-93.

[28] 丁熊. 服务共创: 服务设计中的共创及其机制 [J]. 装饰, 2019（10）: 116-119.

[29] 董光强. 视频号如何掌控私域流量密码 [J]. 全媒体探索, 2022（11）: 39-40.

[30] 董钊. 新创企业数字能力对商业模式创新的影响研究 [D]. 吉林: 吉林大学, 2021.

[31] 杜春梅. 私域流量的搭建与运营分析——以小熊美术为例 [J]. 现代营销（下旬刊）, 2023（4）: 140-142.

[32] 杜肖叶, 关瑛, 刘粟瑶. 基于用户体验的校园生活服务类 App 设计研究 [J]. 工业设计, 2021, 175（2）: 108-109.

[33] 段云龙, 张新启, 刘永松, 等. 基于协同管理的产业数字创新战略联盟稳定性研究 [J]. 科技进步与对策, 2019, 36（5）: 64-72.

[34] 方兴, 詹玉嵩, 张志鹏, 等. 用户体验视角下的地铁乘客广告需求分析方法 [J]. 包装工程, 2022, 43（18）: 178-183.

[35] 封伟毅, 李师萌. 基于知识产权运营视角的创新网络价值共创形成机理研究 [J]. 情报科学, 2023, 41（1）: 86-92.

[36] 冯婷婷, 王辛, 石韵珞. 微电子产业追赶模式研究综述 [J]. 技术经济, 2015, 34（4）: 7-14.

[37] 符加林, 张依梦, 闫艳玲, 等. 顾客契合与企业创新绩效: 价值共创和创新氛围的作用 [J]. 科研管理, 2022, 43（11）: 93-102.

[38] 付蕾. 基于 4C 营销理论的社交电商私域流量培育策略探讨 [J]. 商业经济研究, 2021（24）: 90-92.

[39] 高志辉，黄荟婕，张心灵．龙头企业主导的农业产业生态系统价值共创演化机理研究——以蒙清农业为例 [J]．会计之友，2023（14）：135-141．

[40] 耿菊徽，井润田．数字经济背景下传统零售平台企业的商业模式创新路径——基于红星美凯龙和宜家中国的双案例研究 [J]．研究与发展管理，2023，35（3）：15-35．

[41] 公婷．公共治理中的"价值共创"：以香港的廉洁建设为例 [J]．公共管理与政策评论，2023，12（1）：28-36．

[42] 郭全中，李祖岳．企业营销数字化转型初探：一个基于私域流量运营的视角 [J]．新闻爱好者，2023（1）：19-23．

[43] 韩生华，郑东和，李易蓉．可用性理论视角下有声阅读 App 用户体验及发展策略探析 [J]．中国出版，2023（6）：24-29．

[44] 郝金磊，尹萌．分享经济：赋能、价值共创与商业模式创新——基于猪八戒网的案例研究 [J]．商业研究，2018（5）：31-40．

[45] 何天平，付晓雅．用户体验设计情感化转向：互联网新闻产品交互创新趋势 [J]．中国出版，2022（14）：9-14．

[46] 何天平．用户体验设计视角下的数字新闻产品创新 [J]．青年记者，2023（3）：12-14．

[47] 贺强，王凯．基于"眼动＋面部表情"的航空公司官网用户体验分析与预测 [J]．科学技术与工程，2022，22（20）：8739-8747．

[48] 洪江涛，张思悦．可供性理论视角下制造业数字创新的驱动机制 [J]．科学学研究，2023（8）：1-17．

[49] 胡籍尹．私域流量视域下社交电商模式创新路径 [J]．商业经济研究，2022（9）：87-90．

[50] 胡甲滨，俞立平，张宏如．数字创新韧性与高技术产业创新：机制及效应 [J]．山西财经大学学报，2023，45（4）：95-111．

[51] 胡晓，杨德林，马倩，等．技术孵化器组合管理机制研究：价值共创视角 [J]．南开管理评论，2023，26（1）：182-196．

[52] 胡增玺，马述忠．市场一体化对企业数字创新的影响——兼论数字创

新衡量方法[J]. 经济研究, 2023, 58 (6): 155-172.

[53] 黄勃, 李海彤, 刘俊岐, 等. 数字技术创新与中国企业高质量发展——来自企业数字专利的证据[J]. 经济研究, 2023, 58 (3): 97-115.

[54] 及桐, 赵飞, 周春霞. 基于馆员换位体验的高校图书馆服务优化创新实践——以北京大学图书馆"馆员探馆"活动为例[J]. 大学图书馆学报, 2022, 40 (6): 50-54.

[55] 贾广美, 姚延波, 范雪丰, 等. 共创与共毁: 成年子女-父母旅游互动价值研究[J]. 旅游学刊, 2023, 38 (3): 36-49.

[56] 简兆权, 令狐克睿, 李雷. 价值共创研究的演进与展望——从"顾客体验"到"服务生态系统"视角[J]. 外国经济与管理, 2016 (9): 3-20.

[57] 简兆权, 谭艳霞, 刘念. 数字化驱动下智慧医疗服务平台价值共创的演化过程——基于服务生态系统和知识整合视角的案例研究[J]. 管理评论, 2022, 34 (12): 322-339.

[58] 姜有根, 陈志钢, 苟芬, 等. 数字化自我延伸视角下骑行用户的价值共创研究——基于NAS—MEC交叉验证框架[J]. 资源开发与市场, 2023, 39 (3): 266-273+355.

[59] 蒋立兵, 万力勇, 余艳. 数字化学习资源的用户体验模型研究[J]. 现代教育技术, 2017, 27 (3): 85-92.

[60] 蒋璐珺, 顾烨青. 以用户体验为中心的高校图书馆短视频推广策略探究[J]. 图书馆, 2022 (2): 107-111.

[61] 焦婧, 刘东, 李亚文. 用户体验蜂窝模型在网络教学中的应用研究[J]. 北京联合大学学报, 2013, 27 (2): 27-30.

[62] 焦鹏举, 胡登峰. 应急创新生态系统构建及治理机制研究——以新冠肺炎疫情为例[J]. 大连民族大学学报, 2020, 22 (4): 328-334.

[63] 金铭. 基于用户体验的职业教育类App评价研究[D]. 北京: 北京交通大学, 2022.

[64] 金天纬. 用户体验模型中SMG全媒体应用现状分析[J]. 新闻研究导刊, 2015, 6 (13): 227-228.

[65] 金小桐，刘正捷，程建萍. 即时临场情感捕获方法的探索与研究 [J]. 计算机应用与软件，2022，39（6）：96-102.

[66] 金宇哲，许世虎，董航宇. 基于用户体验的云建模平台界面设计研究 [J]. 包装工程，2023，44（4）：277-287.

[67] 井婷婷，张浩. 主流媒体运营私域流量的路径和优化策略 [J]. 全媒体探索，2023（3）：10-12.

[68] 康彧. 私域流量：概念辨析、运营模式与运营策略 [J]. 现代商业，2020（23）：10-12.

[69] 孔瑞琪，刘珊. 字节跳动：算法赋能的引领者 [J]. 国际品牌观察，2021（24）：56-61.

[70] 奎瑟贝利，布鲁克斯. 用户体验设计：讲故事的艺术 [M]. 北京：清华大学出版社，2014.

[71] 兰悦，万巧琴. 基于用户体验评价移动健康类应用程序的研究进展 [J]. 军事护理，2022，39（11）：85-88.

[72] 雷明，王钰晴. 交融与共生：乡村农文旅产业融合的运营机制与模式——基于三个典型村庄的田野调查 [J]. 中国农业大学学报（社会科学版），2022，39（6）：20-36.

[73] 李波涛，王琪，卢刚亮，等. 基于行为设计学理论的产品设计应用研究 [J]. 包装工程，2023，44（10）：54-59.

[74] 李昌镐，谭光. 基于鲁棒 MPC 的移动视觉目标检测性能优化 [J]. 计算机仿真，2022，39（5）：191-195+200.

[75] 李川川，刘刚. 数字经济创新范式研究 [J]. 经济学家，2022（7）：34-42.

[76] 李翠微. "新零售"模式对消费者价值共创行为的影响研究——基于 SOR 理论 [J]. 市场周刊，2020（3）：80-83.

[77] 李放，马洪旭，沈苏燕. 价值共创导向下的城市社区基金会行动策略——基于"结构—能力"视角的案例分析 [J]. 城市问题，2022（12）：55-65.

[78] 李广培，戴娜璇，王晓玉，等. 价值共创视域下大型零售业供应链协

同绿色创新路径研究 [J]. 物流工程与管理, 2021, 43 (4): 45-49+31.

[79] 李海廷, 周启龙. 虚拟品牌社区价值共创行为的影响机制研究——以在线交互意愿为调节变量 [J]. 华东经济管理, 2023, 37 (1): 119-128.

[80] 李江敏, 王青, 魏雨楠. 乡村非遗旅游活态传承的价值共创机制研究 [J]. 四川师范大学学报（社会科学版）, 2023, 50 (1): 82-90.

[81] 李龙瑞, 陈伟明. 大数据技术与企业战略协同管理创新研究 [J]. 现代商业, 2021 (33): 152-154.

[82] 李士振. 融合发展背景下出版机构私域流量运营策略探析 [J]. 科技与出版, 2022 (6): 78-82.

[83] 李树文, 罗瑾琏, 张志菲. AI 能力如何助推企业实现价值共创——基于企业与客户间互动的探索性案例研究 [J]. 中国工业经济, 2023 (5): 174-192.

[84] 李峤. 公私域双循环理论在本地消费行业品牌营销中的应用 [J]. 现代营销, 2022, 24 (3): 35-37.

[85] 李婉红, 王帆. 数字创新、战略柔性与企业智能化转型——考虑环境复杂性的调节效应 [J]. 科学学研究, 2023, 41 (3): 521-533.

[86] 李维强. 新零售的核心: 做好私域流量运营 [J]. 中国药店, 2022 (5): 18-19.

[87] 李笑雨. 论金融机构的私域流量运营体系构建 [J]. 新闻研究导刊, 2021, 12 (17): 56-58.

[88] 李昕烨. 化繁为简: 认知负荷视域下的移动阅读 App 体验设计 [J]. 出版发行研究, 2022 (9): 12-16.

[89] 李雪灵, 龙玉洁, 张向, 等. 面向共同富裕的数字创新创业研究: 主要视角与未来展望 [J]. 研究与发展管理, 2023, 35 (1): 1-11.

[90] 李燕凌, 钟传康. 我国政府数字营商环境建设绩效的影响因素及生成路径 [J]. 财会月刊, 2023, 44 (11): 104-111.

[91] 李燕琴, 秦如雪, 于文浩. 主人满意还是客人满意？——旅游开发助推乡村振兴的主客价值协同机制 [J]. 西北民族研究, 2022 (6): 143-155.

[92] 李杨. 浅析如何打造具有项目管理特色的私域流量群——以《项目管

理技术》杂志为例[J].中国传媒科技,2023(3):38-40+45.

[93] 李勇,郝瑞敏,林晓鹏.用户体验视角下的人车交互设计研究[J].美术学报,2022(6):132-138.

[94] 李泽华.新时代公共图书馆文旅融合之内涵、架构及趋向——基于价值共创的视角[J].西南民族大学学报(人文社会科学版),2023,44(1):37-45.

[95] 李泽亮.行业报基于私域流量转型的路径研究[J].传媒论坛,2022,5(15):53-55.

[96] 梁玲玲,李烨,陈松.数字技术驱动下的企业开放式创新路径研究——基于fsQCA方法的组态效应分析[J].科技管理研究,2022,42(17):142-150.

[97] 廖民超,蒋玉石,金佳敏,等.创新生态系统下的企业数字创新能力——内涵重构与量表开发[J].软科学,2023,37(5):62-70.

[98] 廖民超,金佳敏,蒋玉石,等.数字平台能力与制造业服务创新绩效——网络能力和价值共创的链式中介作用[J].科技进步与对策,2023,40(5):55-63.

[99] 廖明.基于用户体验的公共图书馆文旅融合维度及发展对策[J].图书与情报,2022(1):132-138.

[100] 林霜,黄若涵.价值网络背景下设计产业价值共创机制研究[J].包装工程,2023,44(12):321-327+331.

[101] 林艳,廖慧.不同类型的科技型新创企业如何嵌入数字创新生态系统?——基于资源编排视角[J].学习与探索,2023(4):98-107.

[102] 林艳,卢俊尧.什么样的数字创新生态系统能提高区域创新绩效——基于NCA与QCA的研究[J].科技进步与对策,2022,39(24):19-28.

[103] 林影倩,庞明礼.中国农村生活垃圾治理价值共创:内涵、逻辑构造和实现机制[J].湘潭大学学报(哲学社会科学版),2023,47(3):70-81.

[104] 刘栋.掌握四大密码,做大媒体视频号私域流量——浅谈钱江晚报视频号运营策略[J].全媒体探索,2023(3):13-15.

[105] 刘飞.数字经济时代"新零售"私域流量精细化运作探讨[J].商业经济研究,2022(20):40-43.

[106] 刘高福,李永华,聂晶.价值共创视角下线上健身社区的治理模式研究[J].武汉体育学院学报,2023,57(5):13-20.

[107] 刘静凤.财政压力、金融分权与数字创新[J].技术经济与管理研究,2022(6):82-87.

[108] 刘刊,周宏瑞,侯月婷.共享医疗平台如何实现价值共创?——一个探索性单案例研究[J].管理评论,2022,34(11):337-352.

[109] 刘汕,张凡,惠康欣,等.数字平台商业模式创新:综述与展望[J].系统管理学报,2022,31(6):1109-1122.

[110] 刘斯,孙茜.基于文化传播的儿童电子书《春节》用户体验设计[J].包装工程,2022,43(S1):140-143+160.

[111] 刘扬,唐文哲,王忠静.价值共创视角下水务工程一体化管理——基于雄安新区的案例研究[J].清华大学学报(自然科学版),2023,63(2):272-282.

[112] 刘洋,董久钰,魏江.数字创新管理:理论框架与未来研究[J].管理世界,2020,36(7):198-217+219.

[113] 刘叶萍.价值共创理论视角下的实体书店营销策略研究[J].出版发行研究,2023(2):29-35+10.

[114] 柳卸林,董彩婷,丁雪辰.数字创新时代:中国的机遇与挑战[J].科学学与科学技术管理,2020,41(6):3-15.

[115] 卢艺舟,贾洋,钱利淮.基于心流理论的民艺体验产品设计要素研究[J].包装工程,2022,43(18):311-319.

[116] 吕潮林,彭灿,曹冬勤.双元学习、创新驱动过程与数字化转型:数字能力的调节作用[J].系统管理学报,2023,32(2):379-394.

[117] 吕德胜,王珏,唐青青.数字经济实现了绿色创新"增量提质"吗——基于异质环境关注视角[J].山西财经大学学报,2023,45(5):55-68.

[118] 吕重阳,傅联英,韩蓄.数字创新创业实现共同富裕的机理和证据

[J].研究与发展管理,2023,35(1):12-26.

[119]马迪倩.用户体验测度下高校图书馆阅读推广成效评估模型构建及有效性分析[J].图书馆学研究,2022(4):60-68.

[120]马悦娇.社群营销视域下私域流量建设研究——以蔚来汽车为例[J].中国商论,2022(15):22-24.

[121]玛伊热·图尔荪.基于4R营销理论的社交电商私域流量培育的探究[J].营销界,2022(15):5-7.

[122]波特.竞争优势[M].陈小悦,译.北京:华夏出版社,2014.

[123]梅蕾,隗乐香,陈姗姗.考虑顾客体验的泛知识短视频平台用户价值共创意愿研究——以bilibili平台为例[J].价格理论与实践,2023(1):127-130+203.

[124]蒙德庆,彭莉,秦晴.基于用户体验地图的苗绣文化虚拟社区需求研究[J].丝绸,2022,59(10):116-124.

[125]孟猛,朱庆华.移动视觉搜索用户体验模型构建与实证研究[J].图书情报工作,2022,66(5):80-92.

[126]孟书玉.以数字经济引领产业创新的政府推进路径[J].宏观经济管理,2023(6):19-25.

[127]莫维尔,罗森菲尔德.Web信息架构:设计大型网站[M].陈建勋,译.北京:电子工业出版社,2008.

[128]那军,孙瑶.跨国公司数字创新要素的全球协同管理[J].科技进步与对策,2011,28(11):10-14.

[129]聂书江.出版私域流量的构建与创新[J].中国出版,2020(16):43-45.

[130]欧新菊,孙永俊.面向Z世代的App用户体验评价模型研究[J].包装工程,2022,43(18):39-47+94.

[131]彭本红,武柏宇,周叶.物流服务业创新轨道演进[J].技术经济,2016,35(2):34-41.

[132]彭晓东,申光龙.虚拟社区感对顾客参与价值共创的影响研究——基

于虚拟品牌社区的实证研究[J]. 管理评论，2016，28（11）：106-115.

[133] 戚聿东，杜博，叶胜然. 知识产权与技术标准协同驱动数字产业创新：机理与路径[J]. 中国工业经济，2022（8）：5-24.

[134] 钱枫嫣，范建华. 基于用户体验蜂窝模型的 MOOC 学习 App 体验优化研究[J]. 软件导刊，2019，18（2）：110-114.

[135] 钱威丞. 数字技术变革下出版产业创新激励机制研究[J]. 商业经济研究，2021（19）：178-181.

[136] 乔晗，张硕，李卓伦，等. 去中心化电商的价值共创演化动因和过程模型——基于梦饷集团的纵向案例研究[J]. 管理评论，2021，33（11）：170-184.

[137] 乔宇，户旭倩，杨宗蕊. 基于用户体验研究的独居女性智能电暖炉设计[J]. 包装工程，2022，43（24）：361-368.

[138] 秦佳良，余学梅. 数字创新中的领导力与管理研究——基于 CiteSpace 知识图谱分析[J]. 技术经济，2023，42（3）：126-141.

[139] 邱立楠. 5G 时代新闻编辑的思维创新模式[J]. 采写编，2020，2（2）：32-33.

[140] 曲永义. 数字创新的组织基础与中国异质性[J]. 管理世界，2022，38（10）：158-174.

[141] 阮添舜，李鑫浩，张洁，等. 数字技术应用情境下如何提升企业创新效应？协同自发抑或协同响应[J]. 科技进步与对策，2023，40（2）：100-110.

[142] 上官梦蝶. 新媒体平台下的酒店私域流量转化方式及思考[J]. 中国集体经济，2022（31）：163-165.

[143] 施春来. 数字技术重构现代经济内生机理思考[J]. 合作经济与科技，2018（16）：17-19.

[144] 石丽雯，顾天琳，黄艳群，等. 非语言交互视角下定制服务类产品体验设计方法探究[J]. 包装工程，2023，44（10）：70-78.

[145] 石美玉. 基于价值共创的非物质文化遗产活化价值增值研究[J]. 经济纵横，2022（12）：118-124.

[146] 宋波, 吴佩. 数字化背景下区域分布式创新体系构建与治理探索 [J]. 经济体制改革, 2023 (3): 43-52.

[147] 宋歌. 用户与场景: 短视频原生广告用户行为影响机制研究 [J]. 传媒, 2022 (24): 72-73.

[148] 宋华, 卢宇铭. 人文视角下无人餐厅结构交互设计对视障用户体验感探究 [J]. 建筑结构, 2023, 53 (11): 188.

[149] 宋敬, 陈良华, 叶涛. 数字经济能够提升企业创新质量吗——基于新熊彼特增长理论视角 [J]. 科技进步与对策, 2023, 40 (12): 1-11.

[150] 宋培, 李琳, 艾阳, 等. 数字经济创新、技术赋能偏向与产业结构转型 [J]. 财经科学, 2023 (5): 75-91.

[151] 孙洁. 数字技术创新对建筑业高质量发展的驱动机理研究 [D]. 杭州: 浙江大学, 2022.

[152] 孙梦颖, 汪明峰. 欧盟数字创新中心的建设实践及启示 [J]. 科技管理研究, 2023, 43 (6): 36-44.

[153] 孙梦祯, 李娟莉, 谢嘉成, 等. 综采工作面虚拟监测系统界面交互设计 [J]. 包装工程, 2022, 43 (6): 134-142.

[154] 孙骞. 新零售服务逻辑下消费者参与电商企业价值共创意愿的影响因素分析 [J]. 商业经济研究, 2022 (22): 99-102.

[155] 孙晴, 郝钢, 丁莹莹. 数字平台驱动智慧养老服务供给结构优化——基于价值共创理论视角的博弈分析 [J]. 商业研究, 2023 (3): 58-69.

[156] 孙新波, 孙浩博. 数字时代商业生态系统何以共创价值——基于动态能力与资源行动视角的单案例研究 [J]. 技术经济, 2022, 41 (11): 152-164.

[157] 孙永磊, 朱壬杰, 宋晶. 数字创新生态系统的演化和治理研究 [J]. 科学学研究, 2023, 41 (2): 325-334.

[158] 孙勇, 张思慧, 赵腾宇, 等. 数字技术创新对产业结构升级的影响及其空间效应——以长江经济带为例 [J]. 软科学, 2022, 36 (10): 9-16.

[159] 孙中悦, 范志静. 学术期刊私域流量建设和运营策略分析 [J/OL]. 科技与出版: 1-6[2023-07-17].

[160] 谭浩, 唐诗妍. 智能汽车交互界面用户体验评估方法体系综述[J]. 包装工程, 2023, 44 (6): 12-24+469.

[161] 谭益之, 王尚功, 刘庆华. "公域 + 私域" 流量的运营搭建与构想探析——以甘肃兰州正大优鲜为例[J]. 上海商业, 2022 (7): 19-21.

[162] 唐莹, 郭金. 政府和社会资本合作（PPP）缔约合作动力不足现象探析[J]. 经济研究参考, 2021 (1): 117-128.

[163] 陶锋, 朱盼, 邱楚芝, 等. 数字技术创新对企业市场价值的影响研究[J]. 数量经济技术经济研究, 2023, 40 (5): 68-91.

[164] 田高良, 张晓涛. 基于价值共创的智能财务生态管理[J]. 财会月刊, 2022 (23): 13-18.

[165] 田朔, 孙爱琳. 数字经济对中国制造业企业创新的影响研究[J]. 经济问题, 2023 (6): 41-49.

[166] 涂海海. G 公司多专业科研团队协同管理研究[D]. 西安: 西安石油大学, 2022.

[167] 王波伟. 拥抱"儿童性": 基于人本取向中国原创绘本的价值共创机制及路径[J]. 编辑之友, 2023 (6): 27-33.

[168] 王超, 王胜男, 何运斌, 等. 私域流量视域下学术期刊传播现状及策略研究[J]. 中国科技期刊研究, 2023, 34 (1): 45-49.

[169] 王春英. 数字经济发展过程中产生的创新模式研究[J]. 科学管理研究, 2023, 41 (1): 74-79.

[170] 王锋, 高长海, 张淼. 国际合作推进数字经济创新的内在逻辑与实践路径[J]. 北京行政学院学报, 2022 (4): 80-87.

[171] 王港, 陈震. 机器之"眼": 视觉技术在智能化产品设计中的应用[J]. 装饰, 2022 (9): 23-27.

[172] 王红英. 私域流量运营与出版企业营销初探[J]. 传媒论坛, 2022, 5 (19): 56-58.

[173] 王佳航. 交往场景的新闻: 从新冠肺炎舆情看互联网下半场媒体私域传播转向[J]. 中国出版, 2020, 10 (5): 29-33.

[174] 王建冬, 童楠楠. 数字经济背景下数据与其他生产要素的协同联动机制研究 [J]. 电子政务, 2020（3）: 22-31.

[175] 王锦, 韩毅. 用户体验视角下心理健康科普短视频的信息效用及其影响因素研究——基于B站大学生用户的扎根探索 [J]. 情报科学, 2023, 41（3）: 74-80+118.

[176] 王晶晶. 数字企业对外直接投资的创新效应研究 [J]. 当代财经, 2023（7）: 121-131.

[177] 王凯, 吕旭峰. "双一流"大学主导的创新共同体: 组织模式与治理机制 [J]. 教育发展研究, 2022, 42（23）: 69-76.

[178] 王丽平, 张敏. 多因素联动效应对新经济企业商业模式创新的驱动机制研究——基于模糊集的定性比较分析 [J]. 管理评论, 2022, 34（3）: 141-152.

[179] 王敏. 数字化转型背景下价值共创与老字号品牌经营绩效——基于线上虚拟社群的微观数据检验 [J]. 商业经济研究, 2022, 22（4）: 82-85.

[180] 王锐. 独角兽企业商业模式与价值共创研究——以字节跳动为例 [J]. 商展经济, 2021（15）: 93-95.

[181] 王双进, 王彦, 高贵如. 农业产业组织价值共创: 路径选择与未来展望 [J]. 农业经济, 2023（6）: 13-15.

[182] 王薇. 论企业如何进行私域流量的运营 [J]. 现代商业, 2022（26）: 3-5.

[183] 王文华, 张卓. 开放式创新模式下外部技术与内部研发协同管理体系研究 [J]. 科技管理研究, 2017, 37（9）: 15-20.

[184] 王文韬, 钱鹏博, 干毓翎, 等. 高校图书馆用户体验影响因素关联机理与传导路径——基于ADSM-MICMAC模型的演化 [J]. 图书馆学研究, 2022（12）: 54-66.

[185] 王艳, 王孟. 唐宋文学编年地图平台的价值共创与应用实践 [J]. 中南民族大学学报（人文社会科学版）, 2023（5）: 156-164.

[186] 王玉, 李城, 胡金玲. App数字产品国际市场渗透与衰退速度的实证研究——基于用户参与价值共创理论 [J]. 技术经济, 2022, 41（11）: 165-176.

[187] 王毓婧，王鑫. 基于扎根理论的视力障碍者读屏软件使用体验影响因素研究 [J]. 包装工程，2023，44（S1）：56-61+78.

[188] 王圆圆. 心理契约视角下顾客参与对品牌社区价值共创的影响分析 [J]. 商业经济研究，2022（22）：90-93.

[189] 王月，高再红. 价值共创理念下实体书店转型升级研究 [J]. 中国出版，2023（2）：53-57.

[190] 王月辉，唐胜男，吴水龙. 共享住宿用户体验质量测量——基于520份有效样本的实证检验 [J]. 中国软科学，2022（S1）：227-240.

[191] 王治山. 浅谈社区零售私域流量的构建方式 [J]. 商业观察，2022（34）：14-16.

[192] 韦景竹，张乐乐. 用户体验及其在公共文化云平台的应用 [J]. 图书馆论坛，2022，42（8）：1-11.

[193] 韦卓翔. 自媒体时代私域流量带动乡村振兴的路径探索 [J]. 农村经济与科技，2022，33（10）：159-161.

[194] 魏惠兰，管顺丰，赵宸，等. 5G时代背景下艺术品交易App的用户体验提升路径研究 [J]. 包装工程，2022，43（12）：359-364.

[195] 魏江，杨洋，杨佳铭. 数智时代营销战略理论重构的思考 [J]. 营销科学学报，2021，1（1）：114-126.

[196] 魏冉，刘春红. 物流服务生态系统价值共创制度机制研究——基于菜鸟网络系统案例分析 [J]. 管理学刊，2022，35（2）：103-118.

[197] 温优华，朱本华，周春娟. 科技期刊私域流量建设创新探索 [J]. 科技管理研究，2023，43（10）：200-206.

[198] 邬霞，牛一帆. 基于脑电的弹幕视频用户体验质量评估研究 [J/OL]. 信号处理：1-10[2023-07-17].

[199] 吴安妮，胡华夏. 企业多主体价值共创的差异化路径研究——以传统零售与电商零售企业为例 [J]. 财会通讯，2023（14）：87-93.

[200] 吴锋，杨晓萍. 新媒体环境下出版业私域流量的引流、留存及流量转化 [J]. 出版广角，2021（15）：15-17.

[201] 吴凤颖.私域营销：品牌破局之新方向 [J].传媒，2022（2）：30-32.

[202] 吴件，蓝志勇，李文炜.制度驱动与技术赋能：数字治理过程中政企价值共创机理研究 [J].公共管理学报，2023，20（3）：102-114.

[203] 吴鹏泽，杨琳.在线教育价值何在——基于价值共创理论的在线教育知识传播模式 [J].中国电化教育，2022（12）：61-67.

[204] 吴雅骊，易婷婷.零售企业协同知识、技术、管理创新与可持续供应链绩效的互动关系研究 [J].商业经济研究，2021（16）：117-120.

[205] 吴子熙.反垄断法促进数字平台创新的法经济学分析 [J].当代法学，2023，37（3）：44-56.

[206] 武胜良.基于私域流量的生鲜农产品社交电商模式构建 [J].湖北农业科学，2023，62（2）：125-128.

[207] 武文珍，陈启杰.价值共创理论形成路径探析与未来研究展望 [J].外国经济与管理，2012（6）：66-74.

[208] 武晓丽.价值共创机制下出版产业的非线性转型 [J].出版科学，2023，31（1）：50-56.

[209] 夏似飞，盛伟山，陈普庄.坚持用户思维，把握用户视角，提升用户体验——从冬奥报道看体育新闻如何升级 [J].传媒，2022（6）：21-22+24.

[210] 夏天生，李锶锶，欧阳嘉.认知神经科学技术在用户体验度量中的应用 [J].装饰，2022（3）：142-144.

[211] 萧荣璇，余人.自播营销趋势下出版企业打造私域流量探析 [J].出版与印刷，2022（6）：72-79.

[212] 肖超，杨龙.服务生态系统视角下爱思唯尔数字出版平台价值共创过程机制研究 [J].出版发行研究，2023（2）：81-88.

[213] 肖苏阳，曾繁华，刘灿辉.数字技术赋能企业创新：路径突破、效应与机制分析 [J].经济体制改革，2023（3）：117-126.

[214] 谢康.数字经济创新模式：企业与用户数据化互动创新 [J].中国社会科学院大学学报，2023，43（2）：79-94+162+165.

[215] 谢燕珍，陈姮，刘诗语，等.基于私域流量的线上助农平台运营模式

研究——以归农商城为例[J].农村经济与科技，2022，33（17）：248-251.

[216] 熊维维.基于新媒体矩阵的国际传播品牌私域流量搭建——以郑州城市外宣品牌WhereZhengzhou为例[J].记者摇篮，2022（10）：63-65.

[217] 熊焰，武婷婷.数字创新与制造业高质量发展的耦合协调以及演变研究[J].科技管理研究，2023，43（11）：1-8.

[218] 徐恬，魏少波，尹金梅.IT-业务联盟如何影响数字创新：数字业务强度的调节作用（英文）[J].中国科学院大学学报，2023，40（2）：280-288.

[219] 徐雅倩，宋错业."数字企业家"如何促进中国数字公共服务创新？——基于三省十四市的实证研究[J/OL].公共管理学报：1-20[2023-07-17].

[220] 徐尤龙，黄维，明瑶.旅游景区价值共创模型与实现机制研究——以桂林龙脊梯田景区为例[J/OL].桂林理工大学学报：1-12[2023-07-17].

[221] 许纪霖.跳出魔盒的精灵：ChatGPT与人类的两难困境——以沉浸式用户体验为例[J].探索与争鸣，2023（3）：75-81+178.

[222] 许天才，任晓宇，许诗曼，等.高校图书馆服务智慧化的用户体验预期与构建策略研究[J].大学图书馆学报，2023，41（1）：78-86.

[223] 许晓宇.基于用户体验的数字档案馆服务策略研究[J].档案时空，2016（12）：25-27.

[224] 玄泽源，段进军，华怡宁，等.长三角数字创新网络空间结构演化及机制差异的多尺度分析[J].中国科技论坛，2023（4）：63-72.

[225] 薛朝改，李庆庆，曹武军.跨境电商生态系统促进制造业转型升级路径研究——价值共创视角及系统动力学建模[J].现代管理科学，2023（3）：51-61.

[226] 薛可，余明阳.私域流量：未来商家竞争的重要领域[J].青年记者，2022（15）：5.

[227] 闫俊周，姬婉莹，熊壮.数字创新研究综述与展望[J].科研管理，2021，42（4）：11-20.

[228] 闫旭晖.自组织理论视角下体育赛会志愿者团队管理模式的研究[J].

系统科学学报，2018，26（2）：80-84.

[229] 晏文隽，陈辰，冷奥琳. 数字赋能创新链提升企业科技成果转化效能的机制研究 [J]. 西安交通大学学报（社会科学版），2022（4）：51-60.

[230] 杨立生，龚家. 创新创业、数字普惠金融与经济增长——基于国家双创示范基地设立的准自然实验 [J]. 华东经济管理，2022，36（8）：51-62.

[231] 杨守德，廖丹. 私域流量视角下社区新零售的突破发展之路——以生鲜产品为例 [J]. 商业经济，2023（1）：56-58.

[232] 杨伟，蒲肖，张洁音. 资源基础对数字创新项目韧性的影响——基于模糊集的定性比较分析 [J]. 管理现代化，2023，43（2）：129-138.

[233] 叶丹，姚梅芳，葛宝山，等. 数字技术驱动传统非互联网企业数字创新绩效的作用机理——组织合法性的调节作用 [J]. 科技进步与对策，2023，40（11）：11-18.

[234] 依绍华，梁威. 传统商业企业如何创新转型——服务主导逻辑的价值共创平台网络构建 [J]. 中国工业经济，2023（1）：171-188.

[235] 易艳刚. "私域流量"崛起？[J]. 青年记者，2019（24）：47.

[236] 尹洪，黎彦婷. 基于用户体验的智能肥皂盒设计研究 [J]. 包装工程，2022，43（14）：296-301.

[237] 尹璐，何人可，张赫. 用户情感体验测量方法综述 [J]. 南京艺术学院学报（美术与设计），2023（2）：147-156+210.

[238] 于耀华. 社会化服务理念下农业商业模式选择及创新研究 [J]. 农业经济，2023（1）：136-138.

[239] 余江，孟庆时，张越，等. 数字创新：创新研究新视角的探索及启示 [J]. 科学学研究，2017，35（7）：1103-1111.

[240] 余乐，孙欣，陈卫平. 小农户联盟何以实现价值共创：资源编排理论的视角 [J]. 华中农业大学学报（社会科学版），2023（2）：80-89.

[241] 袁震，田雨，王笃明，等. 光标显示模式对视线交互绩效与用户体验的影响研究 [J]. 心理科学，2022，45（6）：1282-1289.

[242] 岳立，尹苑，黄晨曦. 低碳城市试点对城市数字技术创新的影响研究

[J]. 工业技术经济, 2023, 42 (5): 30-37.

[243] 张艾佳, 刘正捷. 增强用户体验下的集成人机交互仿真 [J]. 计算机仿真, 2023, 40 (4): 476-479+498.

[244] 张海丽, 王宇凡, Michael Song. 大数据驱动创新过程提高数字创新绩效的路径 [J]. 科学学研究, 2023, 41 (6): 1106-1120.

[245] 张汗灵, 张松. 基于"6A"用户体验模型的慢性病健康管理 App 设计策略研究 [J]. 包装工程, 2022, 43 (24): 39-46.

[246] 张洪金, 胡珑瑛. 用户体验、创业机会迭代与用户型企业创业绩效关系的实证研究 [J]. 学习与探索, 2023 (2): 122-129.

[247] 张慧, 易金彪, 徐建新. 数字经济对区域创新效率的空间溢出效应研究——基于要素市场化配置视角 [J]. 证券市场导报, 2022 (7): 13-22.

[248] 张佳. 主流媒体构建私域流量的价值和可行性探讨 [J]. 全媒体探索, 2023 (3): 7-9.

[249] 张建涛. 冗余资源、双元创新对企业绩效的影响研究 [D]. 辽宁: 辽宁大学, 2019.

[250] 张婧, 邓卉. 品牌价值共创的关键维度及其对顾客认知与品牌绩效的影响: 产业服务情境的实证研究 [J]. 南开管理评论, 2013, 16 (2): 104-115+160.

[251] 张敬文, 童锦瑶. 数字经济产业政策、市场竞争与企业创新质量 [J]. 北京工业大学学报 (社会科学版), 2023, 23 (1): 125-136.

[252] 张静红, 张宜静, 冯帆, 等. 基于认知和情绪的虚拟现实竞技游戏用户体验研究 [J]. 科学技术与工程, 2022, 22 (16): 6592-6598.

[253] 张立洁. 数字导向与数字能力对商贸流通企业绩效的影响 [J]. 商业经济研究, 2023 (9): 109-112.

[254] 张梦晨, 韩宇翃. 以用户体验为核心的滑雪镜改良设计研究 [J]. 包装工程, 2023, 44 (S1): 340-348+358.

[255] 张敏. 结构再造、秩序整合与价值共创: 社会治理共同体建设路径 [J]. 兰州大学学报 (社会科学版), 2023, 51 (2): 80-88.

[256] 张培, 刘世静. 数字创新生态系统赋能互补者演进过程与内在机制 [J]. 科技管理研究, 2023, 43（10）: 179-190.

[257] 张绍海, 张超, 赖富刚. 车辆场景化用户体验评价方法探讨 [J]. 时代汽车, 2021, 372（24）: 192-193.

[258] 张甜甜, 徐延章. 基于5E用户体验模型的公共数字文化服务App设计——以"江西文旅云"App为例 [J]. 山东工艺美术学院学报, 2022, 137（4）: 31-35.

[259] 张文杰. 企业内部协同对创新能力的影响研究 [D]. 天津: 天津工业大学, 2021.

[260] 张雄, 高志刚, 克魁. 中国城市数字创新水平的地区差距及动态演进 [J]. 统计与决策, 2023, 39（12）: 5-10.

[261] 张雪. 私域流量营销: 后疫情时代实体书店直播转型再思考 [J]. 出版科学, 2020, 28（5）: 82-90.

[262] 张勋, 万广华, 张佳佳, 等. 数字经济、普惠金融与包容性增长 [J]. 经济研究, 2019, 54（8）: 71-86.

[263] 张瑶, 张光宇. 区域数字创新生态系统的健康性评价及预警研究 [J]. 软科学, 2023, 37（5）: 24-30.

[264] 张玉红, 计潇怡. 开创私域流量运营新模式 [J]. 长江信息通信, 2022, 35（7）: 220-223.

[265] 张玉利, 冯潇, 田莉. 大型企业数字创新驱动的创业: 实践创新与理论挑战 [J]. 科研管理, 2022, 43（5）: 1-10.

[266] 张玉明, 郭潇涵, 赵瑞瑞, 等. 基于平台的数字创新生态国际化演进机理——以海尔HOPE创新生态平台为例 [J]. 科学学与科学技术管理, 2023, 44（6）: 101-116.

[267] 张玉萍, 邓姝杨, 张凤琪. 基于5E模型的井盐文化博物馆AR体验设计研究 [J]. 工业设计, 2023, 200（3）: 103-105.

[268] 张元庆, 刘烁, 齐平. 数字产业协同创新发展对碳排放强度影响研究 [J]. 西南大学学报（社会科学版）, 2023, 49（3）: 114-128.

[269] 张哲华, 钟若愚. 数字经济、绿色技术创新与城市低碳转型 [J]. 中国流通经济, 2023, 37（5）: 60-70.

[270] 赵洪伟, 吕健, 潘伟杰. 基于用户体验满意度的虚拟村寨路径规划 [J/OL]. 包装工程: 1-13[2023-07-17].

[271] 赵泉午, 游倩如, 杨茜, 等. 数字经济背景下中小微企业服务平台价值共创机理——基于猪八戒网的案例研究 [J]. 管理学报, 2023, 20（2）: 171-180.

[272] 赵新峰, 高凡. 公共价值共创视角下区域共同体的运行机制与建构方略 [J]. 天津社会科学, 2023（1）: 95-103.

[273] 赵艳, 孙芳. 基于碧桂园 ESG 管理实践的价值共创影响机制研究 [J]. 会计之友, 2022（24）: 49-57.

[274] 赵艺璇, 成琼文, 李紫君. 共生视角下技术主导型与市场主导型创新生态系统价值共创组态路径研究 [J]. 科技进步与对策, 2022, 39（11）: 21-30.

[275] 赵玉帛, 张贵, 王宏. 数字经济产业创新生态系统韧性理念、特征与演化机理 [J]. 软科学, 2022, 36（11）: 86-95.

[276] 赵源. 数字技术创新、租金分享与企业内部收入不平等 [J]. 南开经济研究, 2023（5）: 74-92.

[277] 赵哲超, 郝静. 私域流量在环境传播预警系统内的"自我呈现" [J]. 新闻与写作, 2019（11）: 95-98.

[278] 赵志勇, 丁伟, 于钊, 等. 面向产业化的光学相干断层成像仪用户体验设计 [J]. 包装工程, 2023, 44（12）: 438-448.

[279] 肇真. 基于用户体验的高校校园融合社交 App 设计研究 [J]. 工业设计, 2021, 181（8）: 85-86.

[280] 甄俊杰, 师博, 张新月. 中国数字创新与经济高质量发展的协同效应及动态演进预测 [J]. 现代财经（天津财经大学学报）, 2023, 43（3）: 3-20.

[281] 郑淞尹, 王萍, 丁恒, 等. 基于方面级情感分析的博物馆数字化服务用户体验研究 [J]. 情报科学, 2022, 40（4）: 171-178.

[282] 郑樟鹏.用户体验视角下影响旅游预订类移动应用程序（App）持续使用意愿的实证研究[D].浙江：浙江工商大学，2019.

[283] 周霞，于娱，施琴芬.数字经济是赋能城市创新的新动力吗——基于272个城市的实证研究[J].科技进步与对策，2023，40（13）：31-39.

[284] 周小儒，周宏樵，李卓昕.基于用户体验的残疾老年人网约车设计研究[J].包装工程，2022，43（S1）：109-114.

[285] 朱丹.教育类出版社基于私域流量的新媒体书院搭建及运营——以华东理工大学出版社为例[J].科技与出版，2019（11）：27-31.

[286] 朱婧.基于私域流量的社交零售电商平台运营模式研究——以蜂享家为例[J].老字号品牌营销，2023（6）：15-17.

[287] 朱婷玲，朱丽萍，李永锋.基于结构方程模型的老年人App用户体验设计研究[J].包装工程，2023，44（6）：106-116.

[288] 朱逸，朱瑞庭，郭薇.社交媒体广告：感知价值、消费者共创与购买意愿探究——基于"SEM+机器学习"的分析策略[J/OL].管理现代化：1-19[2023-07-17].

[289] 朱颖颖，宫承波.老年群体短视频用户体验要素模型探究[J].当代传播，2023（2）：92-98.

[290] 邹坦永.数字颠覆理论基础与机理研究[J].技术经济与管理研究，2022（9）：20-25.

[291] 左文明，徐梓馨，黄枫璇，等.共享住宿价值共创公民行为下的服务需求研究[J].管理学报，2023，20（2）：249-257.

[292] 哈肯.协同学：大自然构成的奥秘[M].凌复华，译.上海：上海译文出版社，1995.

[293] Alsop R，Helnsohn N.Measuring empowerment inpractice：structuring analysis and framing indicators[M].Washington：The world Bank，2005.

[294] Benitez J，Castillo A，Lorens J，et al.IT-enabled knowledge ambidexterity and innovation performance in small U.S.firms：The moderator role of social media capability[J].Information & Management，2018，55（1）：131-143.

[295] Seminar.Designer sroeeding of the DIS[C].Communications of the ACM, 2000.

[296] Dewey J.Art as Experience, Having an experience[M].New York: Perigee, 1980.

[297] Eisenhardt K, Graebner M. Theory building from cases: Opportunities and challenges[J]. Academy of Management Journal, 2007, 50 (1): 25-27.

[298] Glaser R, Strauss A.Grounded theory[M].London: Huber, 1998.

[299] Moore J F.Predators and prey: A new ecology of competition[J].Harvard Business Review, 1993, 71 (3): 75-86.

[300] Nambisan S.Digital entrepreneurship: Toward adigital technology perspective of entrepreneurship[J].Entrepreneurship Theory and Practice, 2017, 41 (6): 1029-1055.

[301] Narayan-Parker D.Empowerment and poverty reduction: A sourcebook[M]. Washington: The World Bank, 2002.

[302] Nylen D, Holmstrom J.Digital innovation in context[J].Information Technology & People, 2019, 32 (3): 696-714.

[303] Prahalad C K, Ramaswamy V.Co-opting customer competence[J].Harvard Business Review, 2000 (1): 79-87.

[304] R Mueser.Tentifying Technological Innovation[J].IEEE TEM, 1985, (32) 4: 158-176.

[305] Ramfrez R.Value co-production: Intellectual origins and IO plications for practice and research[J].Strategic Management Journal, 1999 (1): 49-65.

[306] Rio A, Rodolfo V, Victor I, et al.The effect of brand associationson consumer response[J].Journal of Consumer Marketing, 2001, 18 (5): 410-425.

[307] Vargo S L, Lusch R F. Evolving to a new dominant logic for marketing [J]. Journal of Marketing, 2004 (1): 1-17.

[308] Yin R K.The case study crisis: Some answers[J].Academy of Management Review, 1981 (26): 58-65.

[309] Yoo Y, Boland Jr R J, Lyytinen K, et al.Organizing for innovation in the digitized world[J].Organization Science, 2012, 23（5）: 1398-1408.

[310] Ziomerman M.Empowerment theory: Psycological, organizationl and community levels of analysis[M].New York: Plenum Publishers, 2000.

# 附录　调查问卷

尊敬的先生/女生：

感谢您参与此次调研。本研究旨在调查企业的价值共创情况，由于调查的样本有限，您的回答将是本次研究的重要依据，敬请您务必根据公司的实际情况回答好下面的每一个问题，甚为感谢！本问卷所得数据仅供整体分析研究，绝不会进行个别处理与披露，请您无须有任何顾虑，并请尽量客观作答。

非常感谢您的合作与支持，敬祝事业顺利、鸿图大展！

## 一、公司及个人基本资料

本部分是贵公司的基本资料，主要为配合学术研究所需，烦请真实填写，此数据绝不对外公开。请在选项上画"√"，或填写相应的选项。

1. 请问贵公司的企业性质为 [ 单选题 ]

○国有企业　○中外合资企业　○民营企业　○其他

2. 请问贵公司的经营年限为 [ 单选题 ]

○1~5 年　○5~10 年　○10~15 年　○15~20 年　○20 年以上

3. 请问贵公司目前的员工人数为 [ 单选题 ]

○500 人以下　○501~1000 人　○1001~5000 人　○5001~10000 人

○10001 人以上

4. 请问贵公司的总资产为 [ 单选题 ]

○ 1000 万元以下　○ 1000 万 ~ 1 亿元　○ 1 亿 ~ 100 亿元

○ 100 亿 ~ 500 亿元　○ 500 亿元以上

## 二、数字创新相关问题测量

数字创新主要分为三个维度，即数字技术、创新产出和创新过程，并在相关维度下设相关问题。请对以下表述进行评分，1 代表非常不赞同、2 代表比较不赞同、3 代表一般、4 代表比较赞同、5 代表非常赞同。

### 1. 数字技术 [ 矩阵量表题 ]

| 编号 | 问题 | 1 | 2 | 3 | 4 | 5 |
| --- | --- | --- | --- | --- | --- | --- |
| DT1 | 数字技术使得公司内部的技术手段及服务更加趋向于高精尖 | | | | | |
| DT2 | 数字技术使得公司的创新活动更好地跨地域、跨产业进行 | | | | | |
| DT3 | 数字技术使得公司的创新产品持续迭代更新 | | | | | |

### 2. 创新产出 [ 矩阵量表题 ]

| 编号 | 问题 | 1 | 2 | 3 | 4 | 5 |
| --- | --- | --- | --- | --- | --- | --- |
| IO1 | 公司产品能满足市场的创新需求，与市场需求匹配 | | | | | |
| IO2 | 公司产品数字创新的投入产出比较高 | | | | | |
| IO3 | 与竞争对手相比，公司的产品创新性更强 | | | | | |

### 3. 创新过程 [ 矩阵量表题 ]

| 编号 | 问题 | 1 | 2 | 3 | 4 | 5 |
|---|---|---|---|---|---|---|
| IP1 | 公司制定了完善的数字创新战略 | | | | | |
| IP2 | 公司采取创新管理工具支持其数字创新 | | | | | |
| IP3 | 公司为应对数字创新过程中的突发状况而做了充分准备，如数字基础设施、外部帮助、透明化的支出制度、创新人才储备等 | | | | | |

## 三、私域流量相关问题测量

私域流量主要分为三个维度，即私域搭建、私域流量表现和私域创收，并在相关维度下设相关问题。请对以下表述进行评分，1 代表非常不赞同、2 代表比较不赞同、3 代表一般、4 代表比较赞同、5 代表非常赞同。

### 1. 私域创建 [ 矩阵量表题 ]

| 编号 | 问题 | 1 | 2 | 3 | 4 | 5 |
|---|---|---|---|---|---|---|
| PC1 | 公司拥有稳定的客户群体和私域客户获取渠道 | | | | | |
| PC2 | 公司重视私域客户关系维护，提高客户消费便利性 | | | | | |
| PC3 | 公司能够较好地满足市场消费者多样化、多层次的需求 | | | | | |

### 2. 私域流量表现 [ 矩阵量表题 ]

| 编号 | 问题 | 1 | 2 | 3 | 4 | 5 |
|---|---|---|---|---|---|---|
| PS1 | 公司具备完善的衡量私域绩效的体系 | | | | | |
| PS2 | 与其他竞争对手相比，公司的私域客户黏性更高 | | | | | |
| PS3 | 公司具有较好的管控来自私域风险的能力 | | | | | |

### 3. 私域创收 [ 矩阵量表题 ]

| 编号 | 问题 | 1 | 2 | 3 | 4 | 5 |
|---|---|---|---|---|---|---|
| PR1 | 公司在私域流量方面的投入产出比较高 | | | | | |
| PR2 | 私域流量能够为公司降低营销与获客成本 | | | | | |
| PR3 | 私域流量使得公司的收益获取更具稳定性 | | | | | |
| PR4 | 私域流量使得公司提高与客户深度交互和持续服务的能力 | | | | | |

## 四、协同管理相关问题测量

协同管理主要分为三个维度，即协同管理方式、协同管理理念和协同管理效率，并在相关维度下设相关问题。请对以下表述进行评分，1 代表非常不赞同、2 代表比较不赞同、3 代表一般、4 代表比较赞同、5 代表非常赞同。

### 1. 协同管理方式 [ 矩阵量表题 ]

| 编号 | 问题 | 1 | 2 | 3 | 4 | 5 |
|---|---|---|---|---|---|---|
| MW1 | 与其他竞争对手相比，公司具备跨专业、跨团队协同管理能力 | | | | | |
| MW2 | 公司管理层会适时地对现行方案和政策进行调整，以实现团队目标 | | | | | |
| MW3 | 公司的管理方式能起到较好的管理协同效果 | | | | | |

## 2. 协同管理理念 [矩阵量表题]

| 编号 | 问题 | 1 | 2 | 3 | 4 | 5 |
|---|---|---|---|---|---|---|
| MT1 | 公司管理层具有较强的多专业、多领域协同理念 | | | | | |
| MT2 | 公司管理层一直持续不断地学习和发展，管理理念与时俱进 | | | | | |
| MT3 | 公司管理层营造出一种积极的团队氛围，能够激励团队成员创新 | | | | | |

## 3. 协同管理效率 [矩阵量表题]

| 编号 | 问题 | 1 | 2 | 3 | 4 | 5 |
|---|---|---|---|---|---|---|
| ME1 | 通过协同管理，公司有效提高了内外部信息的协同效率 | | | | | |
| ME2 | 通过协同管理，公司有效提高了组织结构的协同效率 | | | | | |
| ME3 | 通过协同管理，公司有效提高了内部所有成员资源的协同效率 | | | | | |

# 五、价值共创相关问题测量

价值共创主要分为三个维度，即人际互动、口碑宣传和信息共享，并在相关维度下设相关问题。请对以下表述进行评分，1代表非常不赞同、2代表比较不赞同、3代表一般、4代表比较赞同、5代表非常赞同。

## 1. 人际互动 [矩阵量表题]

| 编号 | 问题 | 1 | 2 | 3 | 4 | 5 |
|---|---|---|---|---|---|---|
| II1 | 公司能与合作伙伴保持良好且紧密的关系 | | | | | |
| II2 | 公司经常与消费者进行沟通交流等互动活动 | | | | | |
| II3 | 公司与合作伙伴的合作结果令人满意 | | | | | |

## 2. 口碑宣传 [矩阵量表题]

| 编号 | 问题 | 1 | 2 | 3 | 4 | 5 |
| --- | --- | --- | --- | --- | --- | --- |
| OS1 | 企业的产品或服务受到一致好评 | | | | | |
| OS2 | 消费者对公司具有较强的信任感和依赖度 | | | | | |
| OS3 | 消费者会相互推荐公司的产品或服务 | | | | | |
| OS4 | 公司的合作伙伴会推荐公司的产品或服务 | | | | | |

## 3. 信息共享 [矩阵量表题]

| 编号 | 问题 | 1 | 2 | 3 | 4 | 5 |
| --- | --- | --- | --- | --- | --- | --- |
| BI1 | 公司与合作伙伴之间能够相互学习、共享信息 | | | | | |
| BI2 | 公司和合作伙伴有意向进行二次合作，或已经进行二次合作 | | | | | |
| BI3 | 用户之间经常谈论公司的产品或服务 | | | | | |

# 六、用户体验相关问题测量

用户体验主要分为三个维度，即使用体验、用户满意度和品牌影响力，并在相关维度下设相关问题。请对以下表述进行评分，1代表非常不赞同、2代表比较不赞同、3代表一般、4代表比较赞同、5代表非常赞同。

## 1. 使用体验 [矩阵量表题]

| 编号 | 问题 | 1 | 2 | 3 | 4 | 5 |
| --- | --- | --- | --- | --- | --- | --- |
| UE1 | 公司产品或服务的视觉体验受到较多用户的欢迎 | | | | | |
| UE2 | 公司产品或服务的用户功能体验较为完整，并且操作友好 | | | | | |
| UE3 | 公司产品或服务的内容体验让用户感受到足够专业，具备多样性 | | | | | |

### 2. 用户满意度 [矩阵量表题]

| 编号 | 问题 | 1 | 2 | 3 | 4 | 5 |
|---|---|---|---|---|---|---|
| US1 | 公司的产品或服务能满足用户的期望型需求 | | | | | |
| US2 | 公司的产品或服务能得到较多的好评 | | | | | |
| US3 | 公司能及时处理用户的意见与建议 | | | | | |
| US4 | 公司的产品或服务用户能带来新的用户，向有需求的朋友和亲人推荐公司产品或服务 | | | | | |

### 3. 品牌影响力 [矩阵量表题]

| 编号 | 问题 | 1 | 2 | 3 | 4 | 5 |
|---|---|---|---|---|---|---|
| BI1 | 用户在很大程度上会因为公司品牌知名度较高，而强化其体验 | | | | | |
| BI2 | 用户在很大程度上会因为对公司所宣扬的文化、理念等的认可度较高，而增强其体验 | | | | | |
| BI3 | 用户认为他们与公司其他用户之间存在很多共同点 | | | | | |

本次问卷调查到此结束，再次感谢您的填写！